행복한 논술 초등학교 2학년

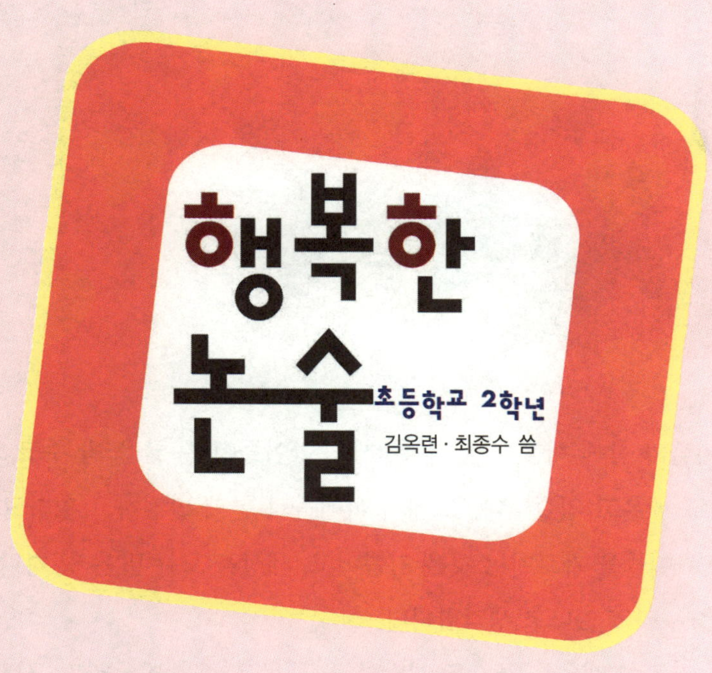

역민

　저는 아이들과 함께 책을 읽고, 토론하고, 아이들이 쓴 글을 봐 주고, 또 그 속에서 저 자신도 배우고 있습니다. 그래서 아이들과 함께 발전하고 있다고 믿고 있습니다. 제가 아이들을 가르치는 것은 기쁨이고, 세상을 보는 맑은 창 하나를 더 갖고 있는 행복을 누리고 있다고 생각합니다.

　아이들을 가르칠 때에는 글감을 개발하고, 새로운 책을 발굴하고, 시사적인 기사를 재빠르게 다루고, 계절이 바뀔 때마다 현장 학습을 하면서, 샘솟는 아이디어를 현실에 맞추어 봅니다. 이 과정에서 가장 훌륭한 글쓰기 교사는 아이들의 부모, 특히 '엄마'라는 사실을 깨달았습니다. 그래서 엄마들에게 당신이야말로 가장 좋은 교사가 될 수 있다고 강조해 왔습니다.

　한편으로, 글쓰기 교육은 정신, 영혼을 건드리는 일이기 때문에 두렵기도 한 일입니다. 글이란 것이 바로 우리의 삶을 가장 간단하고 정확하게 보여주는 것이기 때문입니다. 저는 두렵기는 해도 계속 이 길을 가고자 합니다.

　글쓰기 훈련이란 자기 정리, 자기 치유, 자기 만족을 거쳐 자기 완성에 이르는 길을 찾아가는 과정이라고 할 수 있습니다. 책을 읽고, 글쓰기를 하며 느끼는 성취감과 행복감은 그것을 진지하게 해 본 사람만이 압니다. 어려서부터 이러한 것을 가르치고 기회를 주는 부모가 정말 아이들을 위하는 부모가 아닐까 합니다.

　글쓰기는 현실적으로 대입 때 필요한 통합 논술시험의 준비과정이기도 합니다. 그러나 책을 읽고 글을 쓰는 것이 사람이 살아가는데 정말로 필요하고 중요한 일이기 때문에 대학 입시의 한 부분을 차지하는 것이지, 대학입시와 관련이 있기 때문에 책을 읽고 글을 써야 하는 것은 아닙니다. 독서와 글쓰기는 인간 본질의 문제이지, 입시의 문제가 아닙니다.

　어찌 되었던 아이들은 책을 읽고, 글을 써 보아야 합니다. 다시 말해, 바르고 보람있게 살기 위해서는 좋은 책을 많이 읽고, 많이 생각하고, 그리고 많이 써서 자기의 뜻과 느낌을 올바르게 나타내는 능력을 키워야 한다는 것입니다. 그렇게 되면 아이의 머리와 가슴으로부터 피어나는 아름다운 논술이 되는 것입니다. 모두 행복한 논술의 길을 가기 바랍니다.

　마지막으로, 그 동안 저를 믿고 따라준 모든 아이들에게 고마움을 전하며, 또 옆에서 지켜보며 아이들에게 용기를 주고 격려를 아끼지 않은 부모님들에게도 깊은 감사의 마음을 드립니다.

2006년 가을에

김옥련 드림

　이 책은 한 학년 12개월 동안에 읽어야 할 책 목록과 글쓰기 방법에 대해 매달 반복하는 형식으로 되어 있습니다. 그 구성은 달마다 네 부분으로 되어 있습니다.

　첫 번째로, 각 달마다 주제를 가지고 있으며 그 주제에 맞는 책이 네 권 소개됩니다. 이 책들을 모두 읽는 것으로, 일 주일에 한 권 꼴입니다. 이 책들은 국어교과서에 나오는 도서와 그밖에 엄선된 것들입니다.

　두 번째로, 네 권의 책 중 한 권에 대한 독후감 예문이 나옵니다. 예문은 그 학년의 어린이가 쓴 것도 있고, 이 책을 쓴 두 선생님이 어린이의 마음으로 쓴 것도 있습니다. 잘 읽어 보고 비교도 해보고 평가도 해보기 바랍니다.

　세 번째로, 원고지 4매에 독후감을 하나 써 봅니다. 앞의 네 권 중 한 권을 골라 써도 좋고, 아니면 다른 책이나 그밖의 어떤 것에 대해 써도 좋습니다. 시, 일기, 기행문, 감상문 등 무엇이든 좋습니다.

　마지막 네 번째로, 글쓰기에 있어서 기본적으로 꼭 알아야 할 원칙들을 배웁니다. 이것은 지금 잘 익혀 두면 평생 쓸모가 있습니다.

　이 책에는 몇 가지 목표가 있습니다. 그 목표를 위해서 몇 가지 방안도 제시합니다.

❶ 저학년의 경우, 부모와 함께 이 책을 활용하기를 권합니다. 아직 이 '일러두기'조차 이해하기 어려운 어린이들이니 먼저 부모님이 이 책의 내용을 파악한 다음, 그것을 아이들에게 전해 주는 것이 좋습니다. 부모와 아이에게 공감과 토론의 교재가 되게 하자는 것이 이 책의 첫째 목표이기 때문입니다.

❷ 책의 수준은 학년에 따라 구분했지만, 각자 수준에 맞게 선택할 수 있습니다. 2학년이 3~4학년 책을 선택할 수도 있고, 3~4학년이 2학년부터 시작할 수도 있

습니다. 글쓰기에 있어서는 학년 수준이나 논리보다 감성과 정서가 더 앞선다는 것을 이해하시기 바랍니다. 정서야말로 독서와 글쓰기, 학습에 있어서 아주 중요한 요소인 것입니다.

❸ 글쓰기는 체계적으로 이루어져야 합니다. 제목, 처음, 중간, 마지막 등으로 나누어서 쓰고, 하고 싶은 말을 분명히 해야 합니다. 사고의 정리야말로 책 읽기, 글쓰기의 핵심입니다.

❹ 독서는 끊임이 없어야 합니다. 여기에서 읽어야 할 책들은 일 주일에 한 권, 한 달에 4권, 일 년에 48권입니다. 생각하기에 따라 많을 수도 있고 적을 수도 있습니다. 그러나 일 주일에 한 권 정도로 시작하는 것이 적당합니다. 글쓰기는 한 달에 한 번입니다. 그러나 이것도 자칫 놓치기 쉽습니다. 생활의 규칙화와 독서의 일상화는 함께 이루어져야 합니다.

이런 원칙과 순서에 따라 하다 보면, 이 책이 통합적 자기 주도 학습의 독서·논술 프로그램임을 알게 될 것입니다. 이 전체 프로그램을 다 익히면 어느새, 책에 대한 감각이 생겨 있고, 독서에 대한 경향성을 파악하고 있고, 글쓰기의 이유와 방향까지 알게 되는 것입니다. 그렇게 되면 얼마나 큰 기쁨과 보람이 생겨나는지, 스스로도 놀랄 것입니다. 그것은 여러분의 노력에 대한 보답입니다.

2006년 가을에

최종수 드림

차례

행복한
논술
초등학교 1학년

3월

창조 · 생명의 달

초등학교에서의 첫 한 학년이 지나고, 또 긴 겨울이 지났습니다. 새봄과 함께 2학년 어린이로서 의젓함을 지닌 채 몸과 마음을 키워야 합니다. 새로운 학년에서 새 선생님, 새 책, 새 공책, 새로운 친구들과 함께 새 마음, 새 뜻으로 출발하기 바랍니다.

눈을 크게 뜨고 주변을 둘러보세요. 여러분의 반짝이는 눈에는 자연 속에서 쉼 없이 다시 살아나는 생명의 움직임들이 보일 것입니다. 하늘과 산이 다르게 보이고, 나무도 새롭게 보일 것입니다. 산에 올라 계곡을 따라가면서 조용히 귀를 기울여 보세요. 어디선가 시냇물이 '졸졸졸' 흐르는 소리가 들릴 것입니다. 눈으로 보아서는 죽은 것과 산 것을 구분할 수 없고, 물이 어디에서 흐르는지 보이지 않아도 생명은 어디선가 다시 새봄을 맞이하고 있는 것입니다. 3월은 그러한 계절입니다.

이 달은 창조와 자연, 사람, 사물 사이에 피어나는 생명과 색깔, 소리들에 관한 책을 읽고 거기에서 글감을 찾아 글을 써 보는 달입니다. 다음에 나오는 네 권의 책은 창조와 생명에 관한 책들입니다. 네 권을 모두 읽은 후, 다른 사람의 글도 살펴보기 바랍니다. 그리고 독후감을 써 보기 바랍니다.

새 하늘을 연 영웅들

지은이 정하섭 1966년 충청북도 음성에서 태어났습니다. 성균관대학교 국문학과를 졸업했고, 어린이 책을 기획하고 글을 쓰는 일을 하고 있습니다. 〈해치와 괴물 사형제〉, 〈쇠를 먹는 불가사리〉, 〈거미 아난시〉, 〈김홍도〉 등을 썼습니다.

그린이 이억배 1960년 경기도 용인에서 태어났습니다. 〈솔이의 추석 이야기〉에 글을 쓰고 그림을 그렸으며, 〈해와 달이 된 오누이〉, 〈반쪽이〉 등의 책에 그림을 그렸습니다.

내용

하늘에서 내려와 이 땅에 새 나라를 세운 위대한 영웅들의 이야기입니다. 하느님의 아들, 단군 할아버지가 처음으로 나라를 세운 이래로, 우리 겨레는 한 핏줄, 한 형제로 씩씩하고 지혜롭게 살아 왔습니다. 우리나라가 얼마나 대단한지, 우리 겨레가 얼마나 슬기로운지 함께 느껴 보기 바랍니다.

♥ 2000년 8월 처음 펴냄. 글 정하섭. 그림 이억배. 펴낸곳 창비. 100쪽. 6,500원

매듭을 묶으며

글쓴이 빌 마틴 주니어 · 존 아캠볼트 마틴 주니어는 1916년 미국 캔사스에서 태어나 노스웨스턴 대학교에서 교육학을 공부했습니다. 300권이 넘는 어린이 책을 썼으며 〈갈색 곰아, 갈색 곰아, 무엇을 보니〉, 〈치카, 치카, 붐, 붐〉 등이 있습니다. 아캠볼트는 미국 캘리포니아에서 태어났고, 컬럼비아 교육대학에서 공부했습니다. 시인이자 소설가, 자유기고가로 활동하고 있습니다.

그린이 테드 랜드 1915년 미국에서 태어났습니다. 130여 권의 어린이 책에 그림을 그렸습니다.

옮긴이 김장성 서울에서 태어났고, 성균관대학교에서 국어국문학을 공부했습니다. 쓴 책으로 〈세상이 생겨난 이야기〉, 〈가슴 뭉클한 옛날 이야기〉 등이 있습니다.

본문 중에서

"전 영원히 어둠 속에서 살아야만 하나요? 그렇단다. 너는 눈앞에 어둠의 장막을 드리우고 태어났지. 하지만 눈으로 보는 것 말고도 보는 방법은 많이 있어요. 그렇고 말고. 넌 어둠을 뚫고 보는 방법을 배우고 있어. 넌 할 수 있단다. 너에겐 푸른 말의 힘이 있으니까."

♥ 2003년 5월 처음 펴냄. 글 빌 마틴 주니어 · 존 아캠볼트. 그림 테드 랜드. 김장성 옮김. 펴낸곳 사계절. 32쪽. 7,800원

살아있는 모든 것은

글쓴이 브라이언 멜로니

그린이 로버트 잉펜 자연보호, 생명존중, 인류문화의 다양성 등을 주제로 한 그림책을 창조한 공로로 1986년도 안데르센 상을 수상한 오스트레일리아 출신의 화가입니다.

옮긴이 이명희

줄거리

♥ 1999년 11월 처음 펴냄. 글 브라이언 멜로니. 그림 로버트 잉펜. 이명희 옮김. 펴낸곳 마루벌. 40쪽. 7,400원

욕심쟁이 거인

글쓴이 오스카 와일드(1854~1900) 아일랜드 출신의 소설가이자 극작가, 시인입니다. 〈행복한 왕자〉, 〈도리언 그레이의 초상〉, 〈아서 새빌 경의 범죄〉, 〈리딩 감옥의 노래〉 등의 작품을 남겼습니다.

그린이 아나스타샤 아키포바 1955년 모스크바에서 태어나 국립모스크바 미술대학을 졸업했습니다. 그린 책으로 〈타르튀프〉, 〈젊은 베르테르의 슬픔〉, 〈그림 동화〉 등이 있습니다.

옮긴이 고대영

줄거리

♥ 2004년 9월 처음 펴냄. 글 오스카 와일드. 그림 아나스타샤 아키포바. 고대영 옮김. 펴낸곳 길벗어린이. 32쪽. 8,500원

어둠 속의 희망

-〈매듭을 묶으며〉를 읽고

최종수

넓은 벌판, 거친 바람, 통나무집이 있는 그곳은 그 날 밤 깜깜했습니다. 매서운 바람이 산속에서 나와 '아가야아아아! 아가야아아아아!' 할 때 할아버지는 가슴이 쿵쾅거릴 만큼 무서웠습니다. 그리고 신기하게 그 아이는 세상에 태어났습니다.

그 아이는 아주 약하게 태어났고, 두 눈도 보이지 않았습니다. 그러나 그 아이는 할아버지와 이야기하며 세상의 모든 것을 마음속에서 보기 시작했습니다. 푸른 색, 하늘, 새들의 노래, 그리고 기쁨을 느낄 수 있었습니다.

할아버지는 아이에게 어릴 적 이야기를 한 번 해줄 때마다 끈의 매듭을 하나씩 묶었습니다. 이 끈이 매듭으로 가득 차면 아이는 스스로 자신에게 이야기할 수 있을 것입니다.

이 이야기는 어둠과 신비 속에서 시작되어 희망으로 끝납니다. 그 모든 장면들이 눈에 생생하게 보이는 것 같고, 저의 상상력을 자극했습니다. 그리고 알 수 없는 기운이 책과 저 사이에서 흐르는 것 같았습니다. 제가 그 아이가 된 것 같기도 하고, 제가 할아버지가 된 것 같기도 했습니다. 그리고 바람이 되었습니다.

순수한 자연 속에서 할아버지와 앞이 안 보이는 소년이 주고받는 이야기는 자연이 내는 숨소리였습니다. 그리고 사람이나 말이나 벌판이나 별이나 모두 생명을 가지고 있었습니다. 저로서는 도저히 상상도 못하고, 경험해 볼 수 없는 신비하고 아름다운 장면이었습니다. 그곳이 어디인지 가서 벌판과 바람 앞에 한번 서 보고 싶습니다.

　　이제부터 여러분이 다음의 원고지 4매에 독후감을 씁니다. 무엇을 쓰든지 마음 편하게, 침착하게, 천천히 쓰기 바랍니다.

　　원고지에 쓰는 요령은 이 책의 30쪽~32쪽과 40쪽~42쪽에 있으니 미리 한번 읽어 보는 것이 좋겠지요.

　　글을 쓰기 전에 날짜를 원고지 위에 꼭 쓰기 바랍니다. 나중에 다시 보는 날이 반드시 있을 것입니다.

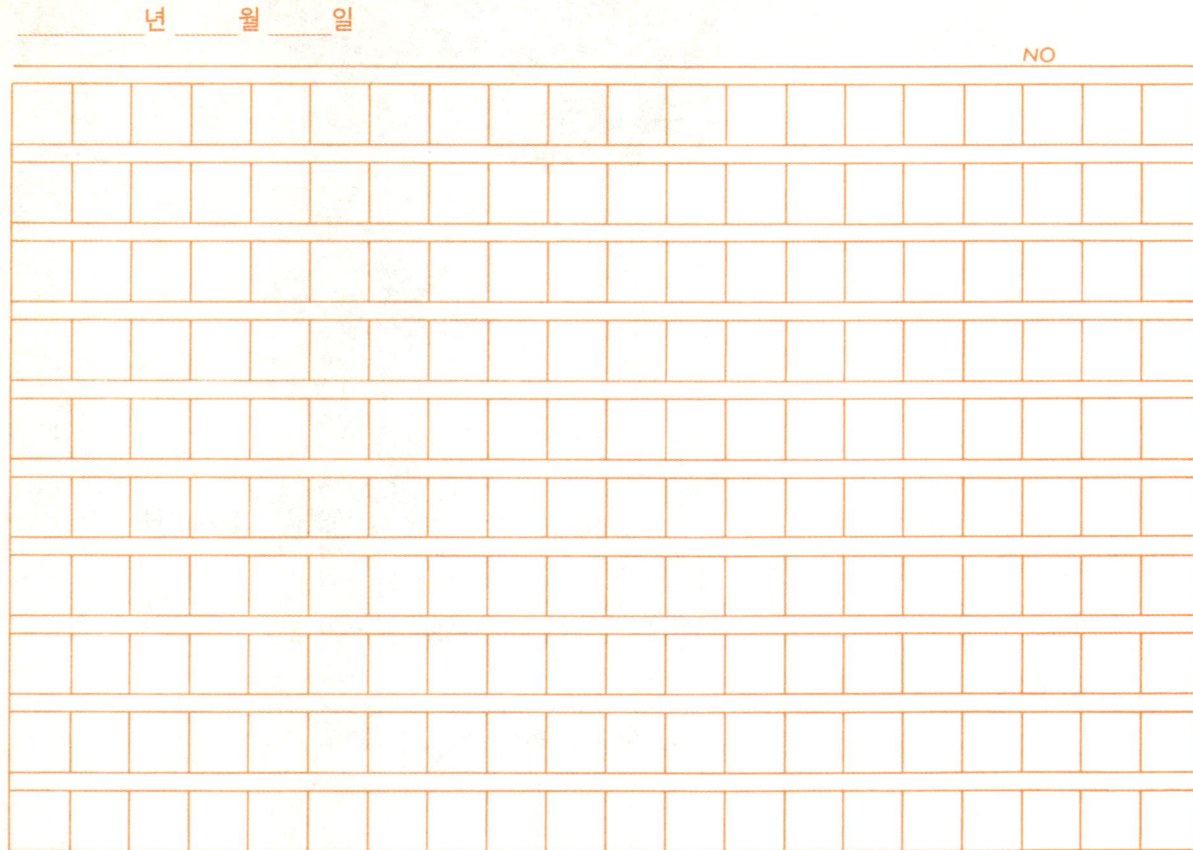

20×10

20×10

20×10

20×10

독후감은 왜 써야 하나요?

- 책을 마음에 강력 접착제로 붙이는 일

"이 책, 너무 감동적이야. 〈욕심쟁이 거인〉 말이야. 한번 읽어 봐."

"내가 감동을 받은 건 말이야, 거인이 아이들에게 모든 것을 주고 마침내 편안하게 죽는 모습이었어. 사랑이란 것은 아름다운 것이고 베푼다는 것은 더 아름답다는 것을 나는 이 책을 보면서 깨달았어. 죽는다는 것이 슬픈 게 아니었어. 아름다운 거였어. 정말 기분이 이상했어. 너도 읽어보면 알거야."

두 친구의 말 중에서 어떤 친구의 말을 더 귀담아 듣겠습니까? 앞의 친구는 너무 막연하게 감동적이라고만 했지요? 하지만 뒤의 친구는 자세한 내용을 전달해 주므로 책의 내용이 궁금해집니다. 도대체 거인이 어찌 되고 이 친구 기분이 뭐 어찌 되었다는 것인지 알고 싶어, 빨리 서점에 가서 책을 보고 싶은 마음이 생깁니다.

책을 읽고 나면 그 느낌을 이렇게 단순히 말로써 다른 사람에게 전해주는 경우도 있습니다. 책을 읽은 후, 말이 아닌 글로써 그때의 느낌을 남기는 것을 독후감이라고 합니다. 글을 쓰면 다른 사람에게 자신의 생각을 보다 정확하게 잘 전할 수 있습니다. 자신도 책을 읽으며 가졌던 감동을 되새기며 내용을 생생하게 오랫동안 기억하게 됩니다. 그리고 독후감을 쓰는 동안, 그 책에 나오는 주인공들과 마음으로 대화를 나눌 수 있습니다.

책은 우리의 앞을 밝혀 주는 등불입니다. 많은 것을 가르쳐 주고, 즐거움과 슬픔, 흥미와 신비로움으로 가득찬 꿈의 세계로 이끌어 주기도 합니다. 때로는 훌륭한 위인들을 만나 나와 견주어 보기도 합니다. 책 속에서 재미를 찾고, 배울 것도 찾아야 합니다. 그것은 어떤 놀이나 장난감보다 더 값지고 흥미로운 것입니다.

이 봄에 시작해야 할 일은 책을 읽고 독후감을 쓰는 습관을 가지도록 하는 것입니다. 독후감이란 읽은 책을 자기 것으로 소화시키고, 그 소화시킨 것을 마음의 양식이 되도록 강력 접착제로 붙이는 일입니다. 좋은 책을 마음 속에 딱 붙이고 사는 일, 참으로 재미있고 보람된 일이 아닐까요?

4월

과학의 달

　4월 21일은 과학의 날입니다. 그리고 이 달은 과학의 달입니다. 학교에서는 과학에 대한 이야기 마당, 그림 그리기, 글쓰기 대회 같은 여러 가지 행사가 열릴 것입니다. 고학년들은 고무 동력기, 물 로켓, 글라이더 등을 만들어 멀리 날려 보내기 대회도 할 것입니다. 모두 즐거운 마음으로 참가해 보기 바랍니다.

　과학이란 멀리 있거나 어려운 것이 아닙니다. 우리 주변에서 항상 벌어지고 있는 모든 일들은 다 과학이라고 할 수 있습니다. 우리가 만들고 행동하는 것들은 모두 과학적 원리에서 일어나고 있기 때문입니다. 자전거가 두 바퀴로 굴러가는 것, 자동차가 빵빵거리는 것, 하늘 높이 짓고 있는 아파트, 아픈 강아지가 낑낑거리는 것, 이런 것도 모두 과학입니다.

　여러 사물 속에 숨어 있는 과학적 원리도 잘 관찰해 보기 바랍니다. 끈질기게 관찰하다 보면 '숨은 과학'이 보일 것입니다. 아이들은 어떻게 몸이 자라는지, 우리 몸의 세포의 크기는 얼마나 되는지, 지렁이는 왜 뒤로 못 가는지, 어른들은 왜 소주에 오이를 썰어 넣는지, 궁금한 것들에 대해 왜? 라는 궁금증을 가지기 바랍니다. 그래서 질문을 하거나 스스로 답을 찾아 보도록 합니다. 그것이 과학에 대해 가져야 하는 우리의 자세입니다. 여러분의 관찰력과 탐구심이 답을 줄 것입니다. 답을 찾고 그 동안 정리한 것을 글로 써 보세요. 좋은 과학 탐구의 글이 될 것입니다.

　이 달에는 과학과 호기심에 관계된 책들을 소개합니다. 이 책들을 읽고, 다른 사람이 쓴 글도 읽어보고, 독후감을 써 보도록 합니다. 그 독후감이 장차 훌륭한 과학자가 되는 밑거름이 될지도 모르는 일입니다.

당글공주

글쓴이 임정자 1966년 경기도 포천에서 태어났습니다. 덕성여대 국문과에서 공부하고, 1996년부터 동화를 쓰기 시작했습니다. 아이들의 억눌린 소망과 가슴속 고민들을 담아내는 이야기를 쓰는 것이 꿈이랍니다. 〈어두운 계단에서 도깨비가〉를 썼습니다.

그린이 강을순 1964년 전라남도 장성에서 태어났습니다. 목포대학교에서 서양화를 공부했습니다. 재미있고 감동적인 동화책을 만드는 것이 꿈이랍니다. 〈그 도마뱀 친구가 뜨개질을 하게 된 사연〉, 〈고슴도치의 멋쟁이 모자가게〉 등에 그림을 그렸습니다.

내용

홍역 귀신과 싸우는 무지무지 힘이 세고 대단히 똑똑하고 아주 아주 용감한 당글공주, 불쌍한 애벌레를 지켜주고 싶어 하는 순미, 마음껏 얘기하지 못해 오리 주둥이가 된 달수, 이무기의 심술을 달래려고 길을 떠난 담이가 이 책에 나오는 주인공들입니다. 이 네 이야기는 자연의 원리를 재미있게 쓴 이야기들입니다.

♥ 2002년 1월 처음 펴냄. 글 임정자. 그림 강을순. 펴낸곳 우리교육. 112쪽. 7,000원

꿈꾸는 뇌

글·그림 조은수 1965년 서울에서 태어나 연세대학교 교육학과와 대학원 국어국문학과에서 공부했습니다. 오랫동안 어린이 그림책에 글을 쓰다가 뒤늦게 그림 공부를 하여 이젠 그림도 그리고 있습니다. 〈꿈꾸는 뇌〉는 어느 작품보다 신나게 자기도취에 빠져 그린 그림이라고 합니다. 〈씨앗들은 느림보야〉, 〈숨은 쥐를 찾아라〉 등을 썼습니다.

내용

뇌는 생각하고 먹고 마시고 보고 팔다리를 움직이고 소화하고 응가하고 듣습니다. 이밖에도 우리가 하는 모든 일은 실은 두뇌가 하는 일입니다. 뇌가 얼마나 놀라운 존재인지 한번 알아볼까요? '물컹한 호두가 쿵, 신경이 뻗친다, 나는 생각한다 고로 존재한다, 기억의 서랍장, 꿈꾸는 뇌, 깨끔발 돋음발' 이것이 이 책의 순서입니다.

♥ 2002년 1월 처음 펴냄. 글·그림 조은수. 펴낸곳 아이세움. 56쪽. 7,000원

똥덩이가 좋아요

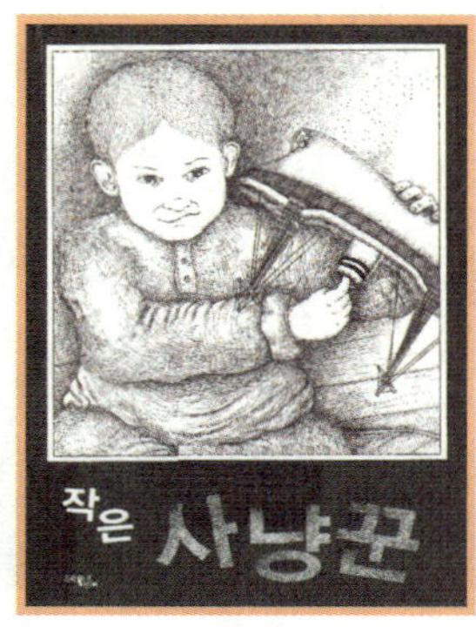

글쓴이 이상배 충청북도 괴산에서 태어났습니다. 오랫동안 어린이를 위한 책을 만들어 왔으며, 동화집 〈꽃이 꾸는 나비꿈〉, 〈북치는 소년〉, 〈옛날에 울아부지가〉, 〈도깨비 삼시랑〉 등을 썼습니다.

그린이 백명식 경기도 강화에서 태어났고, 미술대학에서 서양화를 전공했습니다. 80여 권의 직접 쓰고 그린 창작 그림책이 있습니다.

내용

동화와 그림으로 만나는 신비한 세계에 대한 세 편의 이야기입니다. 똥덩이에서 태어나 똥을 먹고 자라는 쇠똥구리 이야기인 '똥덩이가 좋아요' 와 백 개의 낱꽃이 한 송이로 피어난 민들레 이야기인 '민들레 꽃씨의 여행' 과 귀엽고 신기한 동물로 뽑힌 달팽이 이야기인 '비오는 날의 곡예사' 이렇게 세 개의 이야기입니다.

♥ 2000년 6월 처음 펴냄. 글 이상배. 그림 백명식. 펴낸곳 파랑새어린이. 80쪽. 8,000원

작은 사냥꾼

글쓴이 보리스 S. 지트코프(1882~1938) 뒤늦게 동화를 쓰기 시작했습니다. 다양한 분야에 재능을 가지고 있었습니다. 바다와 배, 다양한 국적의 사람들은 그의 생애에서 가장 중요한 관심사였습니다.

그린이 장한순 로마 국립미술원에서 공부했습니다. 아이들과 호흡하는 그림책을 만들고 싶다고 합니다.

옮긴이 김영하 연세대학교 경영학과를 졸업했습니다. 〈호출〉, 〈나는 나를 파괴할 권리가 있다〉, 〈아랑은 왜〉 등의 작품을 썼습니다. 옮긴 책으로는 〈벤의 꿈〉, 〈리버벤드 마을의 이상한 하루〉 등이 있습니다.

줄거리

"절대로 만지면 안된다. 절대로! 알았지?" 하지만 모형 증기선에 온통 마음을 빼앗겨 버린 보류슈카에게 할머니의 경고는 귀에 들어오지 않습니다. '저 안에는 분명 작은 인간들이 살고 있을 거야!' 기회를 엿보던 보류슈카는 마침내 선반 위의 모형 증기선을 손에 넣게 되는데……."

♥ 2005년 1월 처음 펴냄. 글 보리스 S. 지트코프. 그림 장한순. 김영하 옮긴. 펴낸곳 문학동네. 64쪽. 8,000원

싸워야 큰다

-〈당글공주〉를 읽고

구남초등학교 2학년 3반 김철호

아이들은 모두 홍역을 치러야 한다고 어른들은 말합니다. 홍역을 치러야 어린티를 벗어난다나요? 그런데 요새는 예방주사를 맞아서 홍역을 안해도 된다고 합니다. 저도 예방주사 맞고 홍역을 아직 안했습니다. 그래도 어떤 애는 홍역을 하기도 한답니다.

무지무지 힘이 세고, 대단히 똑똑하고, 아주아주 용감한 당글공주가 홍역 괴물과 싸우는 이야기입니다. 놀이성에 아주 흉측하게 생긴 괴물이 들어와 당글공주 발뒤꿈치를 깨물었습니다. 그게 홍역 괴물이었어요. 처음에는 괜찮았는데 며칠 지나니까 몸에 열이 나고 아프기 시작했어요. 그래서 하얀 할머니를 찾아갔습니다.

할머니는 당글공주가 왜 왔는지 다 알고 있었습니다. 그래서 당글공주에게 빨간 물병과 푸른 주머니와 하얀 가루를 주었습니다. 그리고 당글공주 혼자서 홍역 괴물과 싸워야 한다고 했습니다. 당글공주의 몸은 뜨거워지고 좁쌀 같은 것이 돋아났습니다. 그래도 당글공주는 혼자서 잘 싸웠습니다. 밖으로 나가 다른 사람을 물려고 하는 홍역 괴물을 문 앞에서 지키고 못 나가게 했습니다. 당글공주와 괴물은 사흘 밤낮을 죽도록 싸웠습니다.

마침내 당글공주가 홍역 괴물한테 이겼습니다. 괴물은 아주 작아져 멀리멀리 도망갔습니다. 그래서 당글공주는 놀이성으로 돌아와 동생과 새들과 토끼와 나무와 행복하게 살았습니다.

저도 만일 병에 걸리면 당글공주처럼 용감하게 싸워 병을 물리칠 것입니다. 별로 공주 같지도 않고, 잘난 것 같지도 않은 당글공주도 홍역 귀신과 싸워 이겼는데 씩씩한 제가 그까짓 병 따위야 가볍게 물리쳐야죠, 아주 보기 좋게 물리칠 겁니다. 어떤 병이 덤비든 싸워서 이기고, 부쩍 클 겁니다.

　이제부터 여러분이 다음의 원고지 4매에 독후감을 씁니다. 무엇을 쓰든지 마음 편하게, 침착하게, 천천히 쓰기 바랍니다.

　원고지에 쓰는 요령은 이 책의 30쪽~32쪽과 40쪽~42쪽에 있으니 미리 한번 읽어 보는 것이 좋겠지요.

　글을 쓰기 전에 날짜를 원고지 위에 꼭 쓰기 바랍니다. 나중에 다시 보는 날이 반드시 있을 것입니다.

NO

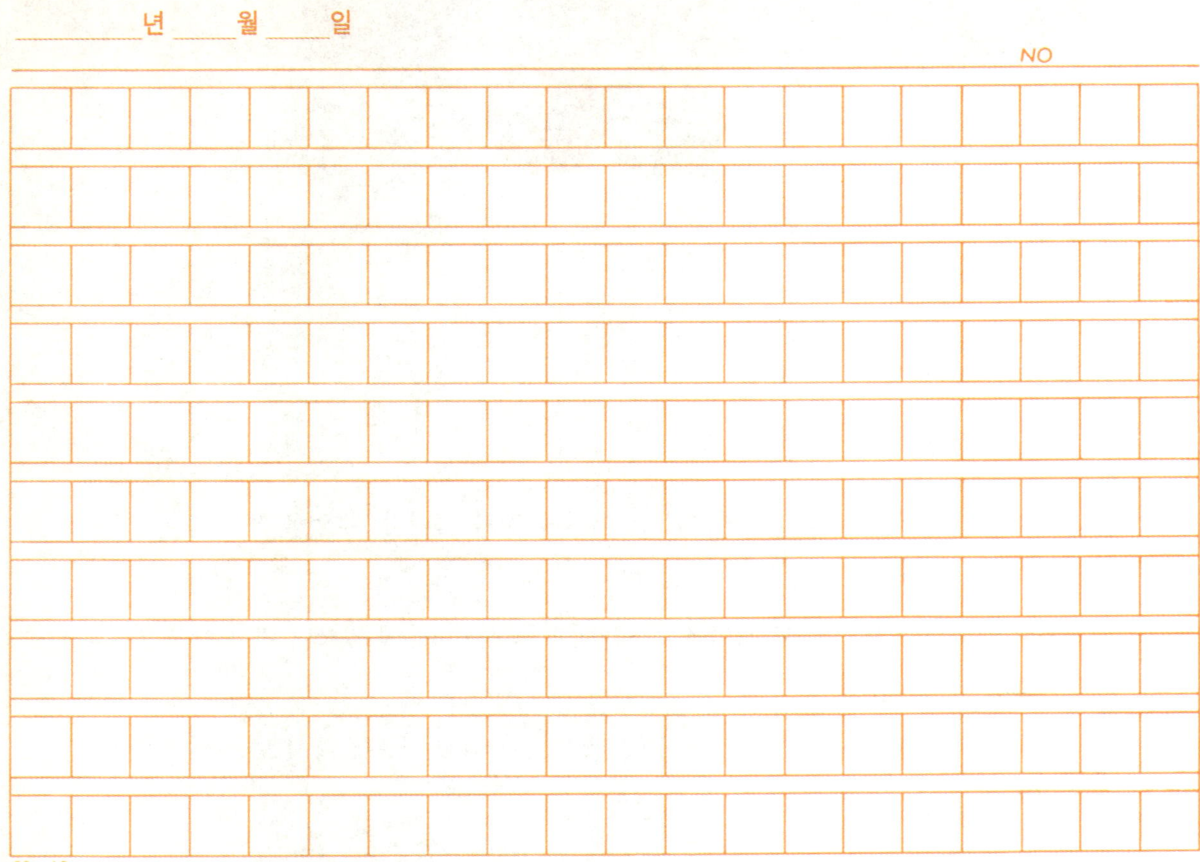

20×10

NO

20×10

20 × 10

20 × 10

원고지에는 어떻게 써야 하나요?

- 모양 좋은 음식이 맛있듯, 모양 좋은 글이 읽기 좋습니다

1. 원고지에 쓰기

우리글은 원고지에 쓰는 것을 원칙으로 하고 있습니다. 맞춤법과 띄어쓰기, 문장이나 문단 나누기, 장·절 나누기 등 글을 쓰는 원칙이 가장 정확하게 나타나기 때문입니다. 물론 요즈음은 컴퓨터에 입력하여 쓰는 방법도 있지만, 이때에도 원고지에 쓰는 원칙을 그대로 따라야 합니다. 원고지에 쓰는 순서는 제목, 소속과 이름, 그리고 본문입니다.

2. 제목 · 이름 쓰기

원고 첫 장에 제일 먼저 들어가는 것은 당연히 제목입니다. 제목은 위에서 한 줄 띄고 원고지 중앙에 씁니다. 그 다음은 소속과 이름입니다. 이것은 오른쪽으로 치우쳐 쓴다는 주요 원칙만 있습니다. 그 다음에 한 줄 띄고 본문을 시작합니다.

	자	유	를		위	해		치	러	야		하	는		대	가
	-	〈	머	피	와		두	칠	이	〉	를		읽	고
							고	양	시		대	한	초	등	학	교
							4	학	년		3	반		홍	길	동
	머	피	는		주	인	의		사	랑	을		받	는		애	완	견	이
	고	,	두	칠	이	는		시	골	집	에	서		흔	히		기	르	는
	똥	개	입	니	다	.							

위의 방법 말고 다음과 같이 할 수도 있습니다(교과서 5-1 〈말하기·듣기·쓰기〉 참조). 제목을 쓰고 그 다음에 소속과 이름을 쓰는데, 학교 이름은 오른쪽 끝에서 세 칸, 자기 이름은 오른쪽 끝에서 두 칸 띄웁니다.

태극기에 담긴 뜻

제주 초록초등학교

5학년 3반 이지훈

나는 태극기에 담긴 뜻에 대하여 자세하게 알고 싶어서 여러 가지 자료를 찾아보고, 새로 안 내용을 정리하였습니다.

큰 제목을 중앙에 두고 학교 이름, 학년과 반, 이름 등은 원고지 오른쪽에 치우쳐 쓰면 모두 맞는 방법입니다.

3. 문단 나누기

제목과 이름을 쓰고 나면 그 다음에는 본문을 쓰게 됩니다. 본문은 크게 4~7개의 문단으로 나누어 쓰는 것이 좋습니다. 각 문단의 분량도 비슷한 것이 좋습니다. 글 전체가 200자 원고지 4~5매라고 하면 각 문단은 원고지 1매가 조금 못 되게 쓰면 될 것입니다.

첫 번째 문단은 들어가는 말, 그 다음 3~4개의 문단은 하고 싶은 말, 마지막 문단은 맺는 말의 순서로 하는 것이 일반적입니다. 들어가는 말에서는 글을 쓰는 이유나 동기 등을 쓰면 좋고, 하고 싶은 말에서는 간단한 줄거리와 느낌이나 생각 등을 쓰고, 맺는말에서는 이 글의 결론이나 희망 등을 쓰면 산뜻합니다.

4. 문장 쓰기

　마침표나 느낌표, 물음표가 나오면 한 문장이 끝나는 것입니다. 문장은 될 수 있는 대로 알기 쉽고 짧게 쓰는 것이 좋습니다. 그러나 너무 짧게만 쓰면 글 전체가 가벼워지는 느낌을 주므로 적당한 길이를 유지하는 것이 좋습니다. 한 문단에 4~7개의 문장이 있으면 적당합니다.

　위와 같은 모양으로 글을 쓰면 전체적으로 볼 때 안정감이 있고 체계가 잡혀 있는 듯이 보입니다. 다시 말해 모양이 좋아 보인다는 말입니다. 모양이 좋아 보이면 내용도 이해하기 쉽고 좋겠지요. 사람도 처음 보았을 때 단정하고 친절해 보이면 호감을 느끼듯이 말입니다. 그리고 먹음직해 보이는 음식이 맛도 좋겠지요.

5월

가정의 달

　5월은 참으로 아름답고 좋은 계절입니다. 산들바람 속에 초록으로 가득 찬 세상이 신기하기도 합니다. '어린이날' 이 있어 더욱 기다려지는 달입니다. 미리 부모님께 받을 선물 목록을 챙겨 놓은 친구들도 있을 것입니다. "아! 5월은 어린이 달, 바로 나를 위한 달이구나!"

　5월은 '어버이날' 이 있어 부모님과 주변의 어른들께 고마움을 전해야 합니다. 집안일 돕기, 안마해 드리기, 편지 쓰기, 꽃 달아 드리기 등 어른들에게 고마움을 전하고 즐겁게 해드리는 일은 정말 여러 모양과 방법이 있을 것입니다. 그러나 가장 중요한 일은, 항상 건강하고 밝게 웃는 모습을 가족들에게 보여 드리는 일입니다.

　특히 이번에는 가족들의 '발' 에 대해 생각해 보는 것은 어떨까요? 땀에 절어 냄새 나지만 고마운 아빠 발, 시장에서 부엌으로 바쁘게 돌아다니는 엄마 발, 우악스럽게 커 보이는 형이나 오빠 발, 유치원에서 놀이터로 귀엽게 돌아다니는 동생 발, 모두가 소중한 발들입니다. 이렇게 우리 몸의 한 부분을 구체적으로 생각해 보고, 그것에 대한 느낌을 정리하는 것도 좋은 글에 가까이 가는 방법입니다.

　잊지 말아야 할 것은 고마움과 사랑을 전하고 싶어도 부모님이 안 계시는 어린이들도 있다는 사실입니다. 안아 줄 어린이가 없는 어른들도 있습니다. 가정의 달을 맞이하여 온 가족이 고아원, 양로원 등의 시설을 방문하는 것도 뜻 깊은 5월을 보내는 방법입니다.

　이 달에 읽을 책은 가족과 가정을 주제로 한 책 네 권입니다.

그래도 나는 누나가 좋아

글쓴이 강무홍 1962년 경상북도 경주에서 태어났습니다. 한국외국어대학교에서 영어를 공부했습니다. 〈좀 더 깨끗이〉, 〈선생님은 모르는 게 너무 많아〉, 〈깡딱지〉 등을 썼고, 〈말론 할머니〉, 〈어린이 책의 역사〉 등을 우리말로 옮겼습니다.

그린이 신가영 이화여자대학교에서 서양화를 공부했습니다. 그린 동화로는 〈팔려가는 발발이〉, 〈벌렁코 하영이〉, 〈수수깡 안경〉 등이 있습니다.

본문 중에서

“걸핏하면 내 머리를 콩콩 쥐어박고 늘 대장 노릇을 하면서 어려운 일은 나만 시키고 무엇이든 자기 마음대로 하지만 그래도 나는 누나가 참 좋다. 우리 누나니까. 세상에 딱 하나밖에 없는 우리 누나니까.”

♥ 2003년 7월 처음 펴냄. 글 강무홍. 그림 신가영. 펴낸곳 한길사. 80쪽. 7,000원

할머니 요강

글쓴이 함영연 강원도 강릉에서 태어났습니다. 1998년 동화작가가 되었습니다. 〈아기도깨비와 밀곡령〉, 〈햇살 품은 콩순이〉, 〈큰 산을 품은 아이〉 등을 펴냈습니다.

그린이 한호진 주로 펜으로 그림 작업을 합니다. 동화에서는 할머니의 미소와 같은 포근한 그림을 그립니다.

본문 중에서

“방에다 놓지 마세요. 냄새가 지독하단 말예요.” 식사시간을 떠올리던 자람이가 말했습니다. “뭘?” “요, 요강말예요.” “기껏 얘기 듣고도 그러니?” 엄마가 눈을 부라렸습니다. “그렇지만 톡 쏘는 지린내가 자꾸 나는 듯한데 어떡해요. 저절로 눈살이 찌푸려지는 걸.”

♥ 2003년 2월 처음 펴냄. 글 함영연. 그림 한호진. 펴낸곳 그린북. 112쪽. 7,000원

종이밥

글쓴이 김중미 "팔삭둥이로 태어난 저는 아기 때부터 또래 동무들보다 여리고 약했답니다. 그래서 그런지 어려서부터 잘나고 힘센 이들보다 못 나고 약한 이들에 대한 관심이 더 많았지요. 제가 글을 통해 함께 나누고 싶은 이야기들도 모두 그런 이야기입니다."

그린이 김환영 "〈종이밥〉을 읽고는 마음이 아팠어요. 또 한 편으로는 참 아름답다고 느꼈어요. 그래서 그림을 그렸어요."

본문 중에서

"할머니 일 나가고 할아버지도 늦게 들어오는 밤 내 동생은 종이를 먹는다. 내 동생은 종이를 씹으면서 꼭 밥풀을 씹는 것 같다고 좋아한다. 하루 종일 혼자 놀다가 심심해지면 내 동생은 종이를 먹는다. 질겅질겅 종이를 씹으며 꼭 껌을 씹는 것 같다고 좋아한다."

♥ 2002년 3월 처음 펴냄. 글 김중미. 그림 김환영. 펴낸곳 낮은산. 108쪽. 7,800원

늑대왕 핫산

글쓴이 백승남 "아빠가 갑자기 쓰러져 며칠 만에 다른 세상으로 가버린 어떤 남매가 있었습니다. 그들 남매한테 따뜻한 말 한 마디 건네고 싶은 마음이 내게 이 글을 쓰게 하였습니다."

그린이 유진희 "우와 슬프다. 진짜 슬프다. 이야기에 그려질 그림들이 필름처럼 흘러갔습니다. 정말 슬프고도 진지한 그림을 그려 보고 싶었습니다. 이렇게 찡한 이야기를 어떻게 표현해야 하나?"

본문 중에서

"울다 지친 우리가 어깨만 들먹이고 있을 때 벽 쪽에서 어렴풋한 소리가 들렸다. 벽에 붙은 늑대왕 핫산이 우릴 바라보고 있었다. 늑대왕의 검은 눈이 반짝거렸다. 문득 그 얼굴이 끄덕끄덕 하더니……. 늑대왕 핫산이 벽에서 훌쩍 뛰어내리는 거다. 늑대왕은 방바닥에 닿자마자 사뿐히 일어섰다. 그리곤 우리 앞에 와서 얌전히 등을 들이댔다."

♥ 2003년 3월 처음 펴냄. 글 백승남. 그림 유진희. 펴낸곳 낮은산. 60쪽. 6,800원

종이를 먹는 송이

- 〈종이밥〉을 읽고

신촌초등학교 2학년 1반 박선정

이 책의 주인공은 송이입니다. 생각해 보면 참 불쌍합니다. 저는 배부를 때까지 먹는데 송이는 먹지도 못해서 종이만 씹습니다.

송이는 심심할 때 종이를 씹습니다. 그 날도 철이는 저녁에 숙제를 하고 있었습니다. 철이는 송이가 놀자고 했는데 청소해야 한다며 또 '동시 짓기' 생각만 했습니다. 송이는 심심해서 또 종이를 씹었습니다. '질겅질겅.' 철이는 송이에게 버럭 소리를 질렀습니다.

철이는 송이가 종이를 씹는 걸 동시로 썼습니다. 송이는 마음에 들지 않았지만 또 혼자 있을까 봐 한번 봐 줬습니다. 그 대신 배고프다고 밥을 달라고 했습니다. 철이는 라면을 끓여 줬습니다. 우리는 지겨울 정도로 많이 먹었는데 송이네 가족은 라면도 겨우겨우 먹습니다.

심심할 때 밖(놀이터)에 나가서 놀기도 합니다. 그런데 남자 아이들이 송이버섯, 숯다리라고 놀립니다.

할머니가 송이를 절에 보내려고 했는데 새벽에 다시 데리고 왔습니다. 송이는 학교 가는 줄로만 알았습니다.

송이는 판자촌에서 살았는데 아파트가 들어와서 그나마 있던 친구도 이사를 갔습니다. 그래서 더 심심하고, 외롭고, 쓸쓸하고, 허전하고, 무서울 것 같습니다. 한마디로 송이가 불쌍합니다. 얼마나 외롭고 배고프면 종이를 씹을까요?

　이제부터 여러분이 다음의 원고지 4매에 독후감을 씁니다. 무엇을 쓰든지 마음 편하게, 침착하게, 천천히 쓰기 바랍니다.

　원고지에 쓰는 요령은 이 책의 30쪽~32쪽과 40쪽~42쪽에 있으니 미리 한번 읽어 보는 것이 좋겠지요.

　글을 쓰기 전에 날짜를 원고지 위에 꼭 쓰기 바랍니다. 나중에 다시 보는 날이 반드시 있을 것입니다.

20×10

20×10

맞춤법, 띄어쓰기, 문장부호

- 쉬워 보이지만 어렵고 복잡한 우리말 법칙

한국 사람이 우리말인 한글을 제대로 쓰기가 그렇게 쉬운 일은 아닙니다. 문장은 커녕 우선 맞춤법과 띄어쓰기부터 어렵게 느껴집니다. 왜냐하면 늘 쓰고 있어 별로 신경을 기울이지 않기 때문입니다. 또, 막상 원고지에 쓰려고 하면 어려운 문법을 알아야 하고 쓰임을 제대로 알아야 하기 때문입니다. 그렇지만 기본 원칙은 있습니다. 기본만 알고 있으면 별로 어렵지 않은 것이 또한 한글입니다.

1. 맞춤법

한글의 맞춤법은 쉬우면서도 어렵습니다. 그리고 이것은 오로지 기억과 훈련에 의해서만 정확하게 쓸 수 있습니다. 맞춤법을 올바르게 쓸 수 있는 길은 어려서부터 항상 사전을 찾아가며 정확한 단어를 쓰는 습관을 익히는 것입니다.

2. 띄어쓰기

1) 띄어쓰기의 큰 원칙은 조사(-은, -는, -이, -가, -을, -를 등)는 붙여 쓰고, 모든 낱말과 낱말 사이는 띄어 쓰는 것입니다.

2) 문단 나누기

문단은 문장의 단락으로 내용이 바뀌면 줄을 바꾸어 줍니다. 앞의 문단 마지막 문장 다음은 그대로 비워둡니다. 그리고 줄을 바꾸어 다음 문단의 첫 칸을 비우고 쓰면 됩니다.

그	날	밤,	바	우	는		마	을	로		내	려	와		황
부	자	네		곳	간	에		살	살		기	어		들	어	가		온	갖
귀	한		물	건	들	을		모	두		훔	쳐		달	아	났	다.
	다	음	날		아	침,	곳	간		문	이		열	려		있	고
그		안	에		있	던		물	건	들	이		모	두		없	어	진
것	을		안		황	부	자	는		화	를		불	같	이		내	고,
아	랫	것	들	을		모	두		불	러		당	장		도	둑	놈	을
잡	아	오	라	고		호	령	호	령	했	다.

3) 원고지에서의 띄어쓰기

① 줄의 끝 부분에서 띄어 써야 할 경우에는, 다음 줄의 첫 칸을 비우지 않고 줄 끝 부분에 ∨ 표시를 해 줍니다.

그		날		밤	,	바	우	는		마	을	로		내	려	와		황
부	자	네		곳	간	에		살	살		기	어		들	어	가		온 갖 ∨
귀	한		물	건	들	을		모	두		훔	쳐		달	아	났	다	.

② 큰 따옴표나 작은따옴표가 들어간 대화글이나 끌어들인 말(인용 말)을 쓸 때는 첫 칸은 비우고 다음 칸에 따옴표를 쓰고, 셋째 칸부터 내용을 씁니다. 따옴표의 내용이 끝날 때까지 첫 칸은 비우고 씁니다.

	“	아	이	고	,		저	거		다		쏟	아	지	네	.		지	금		뭐
	하	고		있	는		거	냐	.		힘	을		쓰	는		거	냐		안	
	쓰	는		거	냐	?		내	가		미	치	지		미	쳐	. ”				

③ 온점이나 반점은 한 칸에 쓰고, 다음 칸을 비우지 않습니다.

	그	러	니	까	,		그	렇	다	는		말	입	니	다	.		아	니	요	,
그	건		무	슨		말	씀	이	지	요	?		네	,		그	렇	게		되 었
습	니	다	.																		

④ 말줄임표나 말없음표는 한 칸에 3개씩 쓰고, 그 다음 칸에 온점을 찍습니다.

	어	쩌	다	가		그	런		일	이	…	…	.						

⑤ 온점과 따옴표는 같은 칸에 쓰지만 물음표와 느낌표를 따옴표와 함께 쓸 때는 칸을 달리하여 나타냅니다. 그러나 느낌표나 물음표라 하더라도 줄의 맨 끝에서는 따옴표와 함께 씁니다.

보기 1) 온점과 작은따옴표가 함께 한 경우

	‘ 집	으	로		갑	니	다	. ’								

보기 2) 온점과 큰따옴표가 함께 한 경우

「　"집으로　갑니다."　　　　　　　　　　」

보기 3) 물음표와 작은따옴표가 함께 한 경우

「　'집으로　간다?'　　　　　　　　　　」

보기 4) 느낌표와 따옴표가 함께 한 경우

「　"집으로　가는구나!"　　　　　　　　」

보기 5) 줄의 맨 끝에 따옴표가 올 경우

「　"집으로　동생들과　더불어　가는구나?"」

3. 문장부호

1) · 가운뎃점

쉼표와 연결되어서 다시 작은 단위로 나뉘어진 말을 연결할 때 씁니다. 그리고 주요하고 특별한 뜻을 나타내는 말에 씁니다.

예 1) 사과·배, 감·밤은 각각 상의 왼쪽과 오른쪽에 놓여 있었다.

예 2) 8·15광복, 3·1운동, 4·19의거

2) : 쌍점

설명을 하거나 종류를 나열할 때 씁니다.

예 1) 문방사우 : 붓, 종이, 먹, 벼루를 말한다.

예 2) 민화 : 민간 전설이나 서민 생활을 소재로 한 그림

3) / 빗금

서로 반대되는 뜻이나 분수를 나타낼 때 씁니다.

예 1) 고운 얼굴/미운 얼굴

예 2) 3/7

6월

어울림의 달

유월은 더불어 사는 것, 어울려 사는 것, 나를 있게 한 뿌리인 조국을 생각해 보는 달입니다. 유월은 '호국·보훈'의 달이라고 합니다. 나라를 생각하고 나라를 위해 애쓰다가 돌아가신 분들을 기리는 마음을 가슴 깊이 새기는 달입니다.

우리는 같은 민족끼리 총을 겨누며 싸웠던 아픈 기억을 갖고 있는 나라입니다. 다시는 이 땅에서 피 흘리는 일이 없어야 합니다. 이 달 만이라도 나라와 민족에 대해 생각해 보고, 그래서 함께 사는 것이 무엇인지, 더불어 잘 살기 위해 어떤 마음가짐이 필요한지 생각해 봅시다.

전쟁의 경험을 가지지 않은 어린이들로서는 '호국·보훈'이라는 말이 참으로 어려운 말일 것입니다. 그리고 그러한 글감을 가지고 글을 써야 했던 경험도 있을 것입니다. 전쟁을 겪은 할아버지, 할머니, 증조할아버지, 증조할머니의 경험을 듣거나 관련된 책과 영상물을 보면 조금이라도 우리 민족만의 아픔을 이해하게 될 것입니다.

이 달에 읽을 책은 호국·보훈에 관한 책들이어야겠지만, 여러분에게는 잘 맞지 않기 때문에 여러분이 속해 있는 작은 사회나 학교, 친구에 관한 책을 읽도록 합니다. 이제, 가정의 범위를 벗어나 어울림의 사회, 또는 국가를 바라보아야 할 때가 된 것이 아닐까요?

내 친구 재덕이

글쓴이 이금이 1962년 충청북도 청원에서 태어났습니다. 1984년부터 작가로 활동하기 시작했습니다. 지은 책으로는 〈영구랑 흑구랑〉, 〈꽃바람〉, 〈내 어머니 사는 나라〉, 〈모래밭 학교〉 등이 있습니다.

그린이 성병희 1966년 서울에서 태어났습니다. 홍익대학교에서 서양화를 공부했습니다. 〈영구랑 흑구랑〉에 그림을 그리며 일러스트레이터로 활동하기 시작했습니다.

내용

"한 편의 감동적인 동화가 탄생하는데 얼마나 많은 시간이 걸릴까요? 이 동화는 글쓴이가 10년도 훨씬 넘는 세월 동안 가슴속에 고이 간직해 온 이야기랍니다. 동네 아이들이 바보라고 놀리며 따돌리는 천덕꾸러기지만 맑은 눈동자 속에 하늘과 구름이 담겨 있는 아이, 재덕이를 만나 보세요. 여러분에게 소개할게요!"

♥ 2002년 10월 처음 펴냄. 글 이금이. 그림 성병희. 펴낸곳 푸른책들. 80쪽. 7,000원

호주머니 속의 귀뚜라미

지은이 레베카 커딜(1899~1985) 미국 켄터키주에서 태어났습니다. 스무 권이 넘는 어린이 책을 썼습니다. 〈자유의 나무〉, 〈가장 좋아하는 인형〉, 〈어떤 꼬마 양치기〉 등이 있습니다.

그린이 에벌린 네스(1911~1986) 어린이 책 30여 권에 그림을 그렸고 직접 글도 썼습니다. 〈이른 아침의 모든 것〉, 〈톰 티트 토트〉, 〈샘, 쿵쾅, 달빛〉 등이 있습니다.

옮긴이 이상희 1960년 부산에서 태어났습니다. 어린이 책을 쓰기도 하고 우리말로 옮기기도 합니다. 옮긴 책으로 〈바구니 달〉, 〈작은 기차〉, 〈마법 침대〉 등이 있습니다.

줄거리

초등학교 입학을 며칠 앞둔 어느 날 오후, 제이는 귀뚜라미를 발견합니다. 귀뚜라미는 작은 곳에 꼭 맞게 들어가요. 차 망이나 제이의 호주머니처럼 작은 곳에 말이에요. 게다가 아주 멋진 소리도 낸답니다. 제이는 하루 종일 귀뚜라미와 함께 놀고 잠도 함께 잡니다. 이윽고 처음 학교에 가는 날, 제이는 귀뚜라미와 헤어져야 하는데…….

♥ 2005년 1월 처음 펴냄. 글 레베카 커딜. 그림 에벌린 네스. 이상희 옮김. 펴낸곳 사계절. 48쪽. 10,000원

공룡이 학교에 나타났어요

지은이 앤 포사이스　영국 스코틀랜드 파이프주에서 태어났습니다. 신문기자와 잡지 출판 일을 했고, 지금은 교육도서 편집과 어린이를 위한 글을 쓰고 있습니다. 〈양 시리즈〉와 〈괴물 이야기〉를 썼습니다.

그린이 무카이 나가마사

옮긴이 이순영　고려대학교 노문학과를 졸업했습니다. 번역한 책으로 〈여기가 끝이 아니다〉, 〈희망과 지혜를 주는 101가지 이야기〉 등이 있습니다.

옮긴이의 말 중에서

> "아기 공룡이 한 일이라곤 얌전히 교실에 앉아 잠을 자거나 점심시간에 아이들을 따라가 점심을 먹는 것이 전부였지만, 아이들은 공룡에게 말을 붙여 보고 싶어하고 서로 자기들 집에 데려가고 싶어했습니다."

♥ 2003년 6월 처음 펴냄. 글 앤 포사이스. 그림 무카이 나가마사. 이순영 옮김. 펴낸곳 북뱅크. 88쪽. 6,500원

난 지구 반대편 나라로 가버릴테야

지은이 주디스 바이올스트　이 책은 미국에서 200만 부 이상 팔렸고 세계 여러 나라 말로 번역되었습니다. 〈지난 일요일에는 부자였던 알렉산더〉, 〈안소니 형의 버릇을 고쳐 줄 거야〉 등 20여 권의 책을 냈으며 시인으로도 알려져 있습니다.

그린이 레이 크루즈　스페인에서 태어나 자랐으며, 뉴욕 시립대학에서 공부했습니다. 〈지난 일요일에는 부자였던 알렉산더〉의 그림을 그렸습니다.

옮긴이 아기장수의 날개　동화도 쓰고 번역도 하고 그림도 그리고 어린이 책 기획도 하는 어른들의 모임입니다.

본문 중에서

> "안녕! 난 알렉산더야. 난 지금 기분이 무척 나빠. 아침에 깨어보니 내 머리가 온통 껌 투성이잖아. 어젯밤 껌을 씹다 그냥 잠이 들었거든. 세수하러 가다가는 스케이트 보드에 걸려 넘어졌고 세면기에 스웨터를 빠뜨렸어. 오늘은 아무래도 운 나쁜 하루가 될 것 같아. 난 지구 반대편 나라로 이사가고 싶은 기분이야."

♥ 2000년 8월 처음 펴냄. 글 주디스 바이올스트. 그림 레이 크루즈. 아기장수의 날개 옮김. 펴낸곳 고슴도치. 32쪽. 6,800원

마음 속의 친구 재덕이

-〈내 친구 재덕이〉를 읽고

김옥련

동생이라 불러야 할지, 친구라 불러야 할지 잘 모르겠지만 그냥 재덕이라고 할게. 난 중산초등학교에 다니는 옥련이라고 해.

니네 동네에는 솔숲산이 있니? 우리 동네에는 고봉산이 있어. 가끔 장수풍뎅이를 잡는다며 설탕물을 타서 올라가곤 했어. 요즘은 안 그래. 엄마가 곤충은 자연 속에 있을 때가 가장 행복하다고 했기 때문이야.

재덕아, 너보다 나이 적은 애들이 바보라고 놀려도 화내지 않고 그저 울기만 했다지? 어쩜 그럴 수 있니? 화나지 않니? 때려 주고 싶지 않니?

남들이 보기엔 바보 멍청이 같아도 네 웃음 속에는 맑은 하늘과 구름이 담겨 있는 것 같아. 하나의 사진처럼 선명하게 보여.

우리 주변에도 누구든 그 친구랑은 같은 모듬을 하기 싫어하는 어떤 애가 있어. 같은 모듬이 되면 그 모듬은 꼴찌가 되거든. 그런데 그 친구의 마음씨는 정말 엄마의 품처럼 부드러운 느낌이 들어. 정말 안됐지만, 나도 그 친구와 같은 모듬이 안 되길 바라고 있어.

아이들의 놀림 때문에 학교까지 그만둔 너를 보며 나는 반성하게 됐어. 그리고 네 곁에 명구 같은 친구가 있어 다행이라는 생각이 들고, 그 손을 꼭 붙잡길 바래. 놀림당하는 네 마음이 얼마나 아팠니? 하지만 다른 친구를 괴롭히고 때리며 놀리는 친구도 사실은 마음이 안 좋아.

재덕아, 내 마음 속의 친구 재덕아, 정말로 너를 한 번 친구로 받아들이기 시작하면 절대로 놓칠 수 없고, 잊을 수 없을 것 같아. 엄마 곁으로, 솔숲산으로 돌아와 정말 다행이다.

언제 시간되면 서로 초대하자. 각자의 산으로 말이야.

안녕

　　이제부터 여러분이 다음의 원고지 4매에 독후감을 씁니다. 무엇을 쓰든지 마음 편하게, 침착하게, 천천히 쓰기 바랍니다.

　　원고지에 쓰는 요령은 이 책의 30쪽~32쪽과 40쪽~42쪽에 있으니 미리 한번 읽어 보는 것이 좋겠지요.

　　글을 쓰기 전에 날짜를 원고지 위에 꼭 쓰기 바랍니다. 나중에 다시 보는 날이 반드시 있을 것입니다.

20 × 10

20 × 10

제목은 그 사람의 얼굴

- 사람을 볼 때는 얼굴부터 봅니다

사람의 얼굴이 주는 첫 인상은 그 사람에 대한 느낌을 아주 크게 결정짓습니다. 글의 제목은 사람으로 치면 얼굴과 같습니다. 따라서 제목은 그 글에 대한 관심도와 느낌을 결정짓습니다. 친근감 있고 부드러운 성격을 주는 첫 인상 때문에 친구가 되는 것처럼, 매력 있는 제목 때문에 글에 관심을 가지고 계속 읽게 됩니다. 제목은 충분히 생각하고 자신만의 특별한 느낌을 살려서 정해야 합니다.

제목을 정하는 것은 간단한 일 같지만 참으로 어려운 일입니다. 길이가 너무 짧으면 빈약한 것 같고, 너무 길면 지루한 것 같고, 너무 튀게 지으면 값이 없어 보이고, 너무 신중하면 무거워 보입니다. 또 내용을 한 마디로 압축시켜야 합니다. 하여튼 글의 제목을 정하는 것은 어린이든 아주 뛰어난 작가든 쉽지 않은 일입니다. 포기하지 말고, 끝까지 잘 생각해서 마음에 드는 제목을 정할 때까지 신중하게 생각해야 합니다.

제목을 결정하는 시기는 아무 때라도 상관없습니다. 제목을 정해 놓고 글을 써도 좋고, 글을 쓰면서 제목을 정해도 좋고, 글을 다 쓴 다음에 정해도 좋습니다. 정해진 제목에 맞추어 글을 써야 하는 경우가 아니리면, 제목의 결정은 마지막까지 생각하는 것이 좋습니다.

저학년의 경우에는 큰 제목, 작은 제목 구분 않고 하나만 써도 됩니다. 학년이 높거나, 글 쓰는 것이 편안할 정도로 훈련이 된 친구라면 큰 제목과 작은 제목으로 나누어 써도 좋습니다. 작은 제목이 그냥 책 제목을 옮겨 쓰는 것이라면, 큰 제목은 글 전체의 중심 생각(주제)이나 자신의 인상적인 느낌을 살려서 쓰면 됩니다.

큰 제목은 반드시 둘째 줄 중앙에 써야 합니다. 작은 제목은 큰 제목 바로 아래에, 읽은 책의 제목을 꺽쇠(〈 〉)를 붙여서 '-〈 〉를 읽고' 하면 됩니다. 제목 끝에는 문장부호 즉, 마침표(.), 쉼표(,), 느낌표(!), 물음표(?) 등을 안 붙이는 것이 원칙이지만 꼭 붙이고 싶다면 느낌표나 물음표 정도는 붙여도 됩니다. 큰 제목이든 작은 제목이든 20자 이하로 하는 것이 좋습니다.

예 1. 〈피노키오〉를 읽고
예 2. 자유를 위해 치러야 하는 대가
  -〈머피와 두칠이〉를 읽고

7월

자유의 달

　7월은 장마가 끝나고 여름방학이 시작되는 달입니다. 많은 자연의 변화를 보게 되고 야외 활동이 활발하게 이루어지는 달입니다. 미리부터 활동 계획과 방학 계획을 세워 보는 것이 좋습니다. 방학은 평소에 하지 못했던 현장 체험, 여행, 독서의 좋은 기회입니다. 좋게 말해, 자유를 즐길 시간이 된 것입니다.

　자유를 즐기기 위해서 우선 자연을 한번 돌아보면 어떨까요. 나무들 우거진 숲 속에서 나뭇잎 사이로 떨어지는 빗방울에 온몸을 적셔 보는 것도 아름다운 자유에 대한 추억을 만드는 일입니다. 어두운 밤하늘에 별을 바라보고 내 별을 하나 만드는 것으로 이 여름을 시작하는 것도 좋겠지요. 그리고 환경을 생각해 보는 시간을 가지는 것도 필요합니다. 자유롭게 살려면 환경도 좋아야 하니까요.

　자연에 관한 책을 많이 읽는 것도 바람직한 일입니다. 자연 속에 파묻히는 직접 경험과 책을 통한 간접 경험으로 7월을 보람있게 지내기 바랍니다.

　이 달에 읽을 책들은 나와 주변에 대한 책들입니다. 나와 내 주변을 돌아보며 무엇을 해야 할지, 어떤 마음을 가져야 자유로울지 한 번 생각해 봅시다. 그리고 이 달에는 시집도 한 권 읽어 보도록 합니다.

학교에 간 개돌이

지은이 김옥 1963년 전라북도 익산에서 태어났습니다. 동화도 쓰고 초등학교에서 아이들도 가르칩니다. 비 갠 뒤 놀이터에 생긴 물웅덩이에서 두 딸과 노는 것을 제일 좋아하고요. 저녁 어스름에 가족과 함께 소나무 숲을 지나 약수터로 물 뜨러 가는 시간이 가장 소중하답니다.

그린이 김유대 : '수다쟁이에 왈가닥이랍니다.'

    최재은 : '땀을 뻘뻘 흘리며 열심히 그렸어요.'

    권문희 : '아들과 조카에게 좋은 책을 선물할 수 있게 되어 기쁩니다.'

내용

이 책에는 '학교에 간 개돌이' 등 모두 여섯 편의 이야기가 있습니다. 책벌레들이 싸우고, 강아지가 학교에 가고, 금붕어를 데리고 목욕탕에 가는 이야기입니다. 지은이는 어린 시절의 소원인 동화 작가가 된 행복한 어른입니다. 그리고 이렇게 다짐합니다. '나는 앞으로 언제까지나 어린이들의 진실한 친구로 남을 거야.'

♥ 1999년 9월 처음 펴냄. 글 김옥. 그림 김유대 · 최재은 · 권문희. 펴낸곳 창비. 128쪽. 6,500원

학교에 간 사자

지은이 필리파 피어스 1920년 영국에서 태어났습니다. 방송작가와 편집자로 일하면서 문학성과 재미를 갖춘 작품들을 썼습니다. 〈한밤중 톰의 정원에서〉, 〈버블과 스퀵 대소동〉, 〈다람쥐와 마법의 반지〉, 〈피라미호의 모험〉 등을 썼습니다.

옮긴이 햇살과 나무꾼 동화를 사랑하는 사람들이 모여 만든 곳으로, 세계 곳곳의 좋은 작품들을 소개하고 있습니다. 옮긴 책으로 〈한밤중 톰의 정원에서〉, 〈우리집 가출쟁이〉, 〈화요일의 두꺼비〉 등이 있습니다.

내용

어린이의 마음을 읽을 줄 아는 작가 필리파 피어스의 기발한 상상력과 산뜻한 필체가 돋보이는 여덟 편의 이야기가 실려 있습니다. '쇠꼬챙이처럼 뾰족한 이빨을 가진 커다란 사자가 학교에 나타난다면, 뭐든지 자를 수 있는 가위가 생긴다면, 또 새끼손가락을 구부리기만 하면 갖고 싶은 것이 뭐든 휙휙 날아온다면?'

♥ 2002년 4월 처음 펴냄. 글 필리파 피어스. 햇살과 나무꾼 옮김. 펴낸곳 논장. 168쪽. 6,000원

프란츠의 방학 이야기

지은이 크리스티네 뇌스틀링거 1936년 오스트리아 빈에서 태어났습니다. 1970년부터 글을 쓰기 시작해 100여 권의 책을 썼습니다. 〈세 친구 요켈과 율라와 에리코〉, 〈하얀 코끼리 이야기〉, 〈콘라드, 통조림 깡통에서 나온 아이〉 등이 있습니다.

그린이 에르하르트 디틀 1953년 독일 레겐스부르크에서 태어나 일러스트레이터 겸 작가로 활동하고 있습니다.

옮긴이 김경연 서울대학교 독문학과 박사 과정을 마쳤습니다. 옮긴 어린이 책으로 〈그림 동화집〉, 〈욘 할아버지〉, 〈나무 위의 아이들〉 등이 있습니다.

내용

프란츠는 아홉 살입니다. 프란츠는 '의무' 라는 말을 가장 싫어합니다. '뭐뭐 해야 한다.' 라는 말에서 벗어나고 싶습니다. 그래서 방학이 없다면 정말 재미없을 거라고 생각합니다. 방학 땐 의무로부터 해방되니까요. 조금 늦게 일어나도 되고, 텔레비전을 더 많이 봐도 되고, 숙제를 할 필요도 없고요. 그럼 프란츠는 방학을 도대체 어떻게 보내려고 하는 걸까요?

♥ 2000년 10월 처음 펴냄. 글 크리스티네 뇌스틀링거. 그림 에르하르트 디틀. 김경연 옮김. 펴낸곳 비룡소. 64쪽. 6,000원

아무도 내 이름을 안 불러줘

엮은이 한국글쓰기연구회 1983년 한국글쓰기교육연구회라는 이름으로 전국의 초·중·고등학교 선생님들이 모여 만든 모임입니다. 지금은 학교 밖 선생님들도 함께 모여 올바른 글쓰기와 우리말을 바로 잡는 일을 하고 있습니다.

머리말 중에서

"이 책은 글쓰기연구회 선생님들이 초등학교 1·2학년 어린이들이 쓴 글 중에서, 좋은 읽을거리가 되거나 정직하고 가치 있는 글을 쓰고 싶어 하는 어린이들에게 도움이 되겠다 싶은 글을 가려 뽑아 모은 것입니다. 이 책을 읽는 분들이 '나도 글을 쓰고 싶다.' 는 생각을 하게 된다면 큰 다행이겠습니다."

♥ 1998년 12월 처음 펴냄. 한국글쓰기연구회 엮음. 펴낸곳 보리. 176쪽. 6,000원

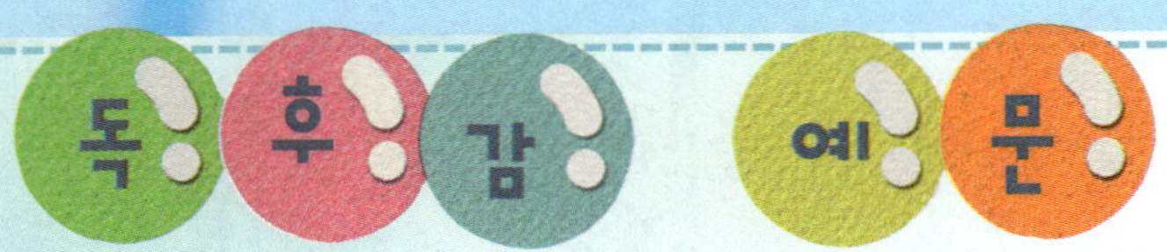

개돌이의 대장 준우

-〈학교에 간 개돌이〉를 읽고

신촌초등학교 2학년 1반 박선정

개돌이는 산골 마을에 사는 개입니다. 개돌이의 주인은 준우입니다. 준우는 동네에서 대장입니다. 팽이치기를 잘해서 대장, 물수제비를 잘 떠서 대장, 준우는 놀 때는 언제나 대장이었습니다. 개돌이는 준우 덕에 자기도 개들 중에서 대장이 되었습니다. 개돌이는 준우를 무척 존경(?)합니다. 나도 이런 충성(?)스러운 개를 키워 보고 싶습니다.

어느 날 준우가 학교를 가려고 할 때, (준우는 1학년입니다) 개돌이도 심심하다며 따라갔습니다. 준우는 말리다가 지쳤는지 아무 말도 하지 않았습니다. 교실에 들어가자 선생님은 개돌이를 못 들어오게 했습니다. 개돌이는 복도가 재미없었습니다. 길기만 해서 말입니다. 갑자기 문이 열리더니 준우가 나왔습니다. 숙제를 해오지 않고 장난만 쳐서 혼나는 것이었습니다. 준우는 주머니에서 비눗방을 꺼내서 불었습니다. 선생님이 개돌이와 준우를 도대체 어떻게 하면 좋을까 하는 눈으로 바라보았습니다. 그때 교장 선생님께서 오셔서 개돌이와 준우는 겨우 교실로 들어갈 수 있었습니다.

3교시는 컵라면을 먹는 교시였습니다. 준우는 라면을 못 가지고 왔습니다. 개돌이는 라면을 엄청 좋아했는데 아쉬워했습니다. 선생님이 혼내면서 준비한 라면을 줬습니다. 개돌이는 준우가 라면을 국물도 남기지 않고 다 먹자, 실망했습니다. 선생님이 아이들의 국물을 모아 개돌이에게 주자 개돌이는 선생님이 좋아졌습니다. 준우를 혼낼 때는 아니지만 말입니다. 개돌이는 내일도 또 와야겠다고 다짐했습니다.

저는 준우가 개돌이에게 이런 모습을 보여준 게 부끄러워서 이제부터는 장난도 안 치리라 생각합니다. 개돌이가 진짜로 학교에 또 가면 어떤 재미있는 일이 생겨날지 궁금합니다. 제가 그 뒤편을 한번 지어보고 싶습니다.

이제부터 여러분이 다음의 원고지 4매에 독후감을 씁니다. 무엇을 쓰든지 마음 편하게, 침착하게, 천천히 쓰기 바랍니다.

원고지에 쓰는 요령은 이 책의 30쪽~32쪽과 40쪽~42쪽에 있으니 미리 한번 읽어 보는 것이 좋겠지요.

글을 쓰기 전에 날짜를 원고지 위에 꼭 쓰기 바랍니다. 나중에 다시 보는 날이 반드시 있을 것입니다.

20 × 10

20 × 10

20 × 10

20 × 10

글의 처음을 시작하는 다섯 가지 방법 중 1, 2, 3

　매력적인 만남을 이끌기 위해서는 시작이 중요합니다. 하나의 글을 물고기와 비교한다면 글의 처음 부분은 물고기의 머리에 해당된다고 할 수 있습니다. 머리는 몸 전체에 비해서 작은 부분을 차지하고 있지만 물고기에게 있어 가장 중요한 부분입니다. 글도 마찬가지입니다. 끝까지 읽게 하는 흥미와 끌림은 이 앞부분에서 판가름 난다고 할 수 있습니다. 짧은 글 속에서 가장 중요한 핵심과 신선한 만남을 끌어내 보도록 합시다.

　1. 적극적인 동기와 이유 밝히기

　책과의 첫 만남은 여러 동기가 있을 수 있습니다. 나의 관심 분야일 수도 있고, 나를 이끌어 주는 선생님의 적극적인 추천이 있을 수도 있습니다. 아니면 평소에 좋아하는 친구의 권유에 의해 선택할 수도 있습니다. 그런 구체적인 이유를 밝히는 것도 글의 처음을 시작하는 방법이 될 수 있습니다.

　여기에서 피해야 할 것은 소극적인 동기나 이유입니다. '방학 숙제로 내줘서…….' '퀴즈 시험을 본다고 해서…….' 이런 식의 이유는 자신의 생각하는 힘을 포기하는 것과 마찬가지입니다. 이럴 경우 숙제로 읽게 되었지만 내 마음 속에서 적극적인 독서 이유나 물음을 찾아내야 합니다.

　적극적으로 글의 처음을 시작하는 예를 들어 보겠습니다. 첫 번째는 환경문제에 대한 글이고, 두 번째는 〈찾아라 고구려 고분벽화〉의 경우입니다.

　"숙제로 내주어서 읽었지만, 환경 문제 가운데 물의 오염 문제를 자세히 생각해 보는 계기가 되었습니다. 그리고 우리나라가 물 부족 국가에 속한다는 새로운 사실을 알게 해주는 책이어서 더욱 관심 있게 읽게 되었습니다."

"퀘퀘한 무덤 속 이야기, 재미없는 역사 이야기일 줄 알고 책장을 열었습니다. 그런데 종횡무진으로 오가는 시간 여행, 컴퓨터라는 현대의 놀라운 발명품 속으로 빨려드는 환상적인 이야기 구조가 흥미로웠습니다. 점점 책의 역사 속으로 시간 가는 줄 모르고 빠져들었습니다."

2. 이야기 속에 나오는 등장 인물 소개

책의 내용에 따라 등장 인물의 수나 성격이 다르고 때로는 동물이 주인공이 될 수도 있습니다. 이때 주요 등장 인물을 소개하면 글의 앞부분을 한결 재미있게, 나의 색깔을 가지고 쓰는 방법이 됩니다. 그러면 독후감을 읽는 독자도 흥미롭게, 새로운 느낌을 갖고 읽게 될 것입니다.

〈비밀의 화원〉에 대해 쓴 글을 예로 들어 봅니다.

"주인공 메리는 버릇없고 못생긴 아이입니다. 인도에서 콜레라로 부모를 잃은 후, 영국 요크셔 지방의 미셸스와이트 장원으로 가서 밝고 긍정적인 아이로 변합니다. 자기밖에 모르던 이기적인 아이가 다른 사람도 밝은 세계로 이끌어 주는 아이가 됩니다.

마사는 영국에서 메리의 하녀로 일합니다. 사투리를 쓰지만 마음이 고운 아이입니다. 메리가 보다 활발하게 생활할 수 있도록 돕고, 황무지가 갖고 있는 생명력과 비밀의 화원에 대해 알려 주는 다정함을 갖고 있습니다."

3. 책 속의 생생한 배경 그려내기

책의 줄거리가 어떤 배경에서 이어지는지 눈으로 보듯 생생하게 그려내는 방법입니다. 산촌에서, 읍내에서, 탄광에서, 달동네에서, 아파트촌에서, 바닷가에서, 섬에서, 어디서든 상관없습니다. 그 어디에선가 주인공들은 기뻐하고 슬퍼하고, 만나며, 노래하며, 헤어지기도 할 것입니다.

이러한 분위기를 사실적으로 잘 그려내면 독자들은 상상력을 동원하여 그 장소로 달려가게 됩니다. 이야기가 어떤 장소에서 진행되느냐에 따라 책 전체의 분위기도 달라지는 것입니다. 다음은 서울 근교의 시골 학교를 다니는 아이들의 이야기가 담긴 〈심학산 아이들〉에 대해 쓴 예입니다.

"낮은 교문, 하얀 페인트를 칠한 2층 학교, 뒤에 나즈막한 심학산. 학교 위로 가면 염소 우리가 있고 그 왼편에 약수터가 있습니다. 모든 것이 낮게 있어 정겹고, 좁은 골목길을 따라 중국집과 문방구가 있는 곳.

이 이야기 속의 심학초등학교는 내가 가 본 곳과 똑같이 그려져 있어서 실감나게 읽을 수 있었습니다."

다음 달의 족집게 가르침 여섯으로 이어집니다.

8월

환상의 달

　뭔가 특별한 경험을 해보고 싶은 달입니다. 더위를 이길 만한 멋진 일이 없을까요? '자전거 타고 통일전망대까지', '갯벌에서 축구하기', '하루에 산 두 개 넘기', '영화 하루 5편 보기', '키 높이로 책 쌓아 놓고 읽기' 등 아주 많을 것입니다.

　산이나 바다, 자연은 지금 그 절정의 모양새를 자랑하고 있습니다. 어디서든 자연을 관찰해 봅시다. 바람, 파도, 벌레, 풀, 비 무엇이든 좋습니다. 어디로 떠나도 좋습니다. 부모님을 조른 여행이든, 현장학습이든, 계곡의 물놀이든 무엇이든 말입니다. 어디에 가서 무엇을 하든, 내 생활이 자유롭고 내 마음이 행복할 수 있는 그 무엇인가의 경험이 필요합니다. 그러나 꼭 멀리 여행을 떠나야 하는 것은 아닙니다. 집밖을 나가서 새로운 느낌으로 사물을 바라보는 것은 모두 나에게는 산 체험이기 때문입니다.

　다녀온 곳의 기념품을 모아서 액자나 책을 만들어 봅시다. 버스표, 깃털, 조개껍질, 풀잎 하나, 입장권, 안내문, 지도, 기념엽서, 이런 것들을 모아서 붙인 후, 그때의 느낌을 글로써 정리하면 나만의 멋진 작품이 될 것입니다. 한 여름 더위와 싸우고 즐긴 나만의 체험, 재미있는 독서, 이런 것들로 풍성한 여름, 뜨거운 여름의 일지를 만들어 봅시다.

　이 달에 꼭 해야 할 일은 책을 많이 읽어야 한다는 것입니다. 어디를 가든, 항상 읽을 책 몇 권 가지고 떠나는 게 좋겠지요?. 파도 소리 들으며, 매미 소리 들으며 책장을 넘긴다는 것 자체가 '환상' 아닙니까? 이 달에 읽을 책 네 권은 환상적인 분위기를 자아내는 책들입니다.

어두운 계단에서 도깨비가

지은이 임정자 동화 공부를 하면서 글을 쓰게 되었답니다. 늘 따뜻한 시선으로 아이들을 바라보며, 재미있는 이야깃거리를 만들어 내느라 바쁘답니다.

그린이 이형진 10년 넘게 어린이 책에 그림을 그려오고 있습니다. 〈나야, 뭉치 도깨비야!〉, 〈고양이〉, 〈살아있는 지구의 얼굴〉 등의 책에 그림을 그렸습니다.

내용

'낙지가 보낸 선물' '꽁꽁별에서 온 어머니' '어두운 계단에서 도깨비가' '이빨 귀신을 이긴 연이' '흰곰 인형' 모두 다섯 편의 동화가 있습니다. 재미와 상상력이 가득한 이야기들입니다. 낙지가 보낸 빨판 신발, 외계인 어머니, 계단에 사는 도깨비, 무시무시한 이빨 귀신, 말하는 흰곰 인형, 과연 이들은 무슨 일들을 저지를까요?

♥ 2001년 5월 처음 펴냄. 글 임정자. 그림 이형진. 펴낸곳 창비. 132쪽. 6,500원

설탕으로 만든 사람

지은이 아니카 에스테를 1933년 네덜란드에서 태어났습니다. 암스테르담과 튀빙엔에서 독문학과 철학을 공부했습니다. 자식들과 손자들에게 좋은 동화를 들려주고 싶어하는 할머니입니다.

그린이 율리아 구코바 1961년 러시아 모스크바에서 태어났습니다. 〈이상한 나라의 앨리스〉, 〈난 너희가 하라는 대로 하지 않을 거야〉 등의 작품이 있습니다.

옮긴이 원미선 1970년 태어나 연세대학교 독문학과 대학원을 졸업했습니다.

줄거리

많은 사람들이 공주님에게 청혼했지만 공주님의 마음에 드는 사람은 하나도 없었습니다. 그래서 공주님은 스스로 마음에 드는 사람을 만들기로 했습니다. 설탕과 아몬드를 잘 빻아 곱게 빚고 40일 동안 기도 드려 사람을 만들었습니다.

♥ 2000년 8월 처음 펴냄. 글 아니카 에스테를. 그림 율리아 구코바. 원미선 옮김. 펴낸곳 비룡소. 28쪽. 7,500원

빗방울 목걸이

지은이 조안 에이킨 영국의 어린이 문학을 대표하는 작가입니다. 에이킨은 환상적인 마법의 세계를 많이 다루었습니다. 〈윌로비 체스의 늑대들〉, 〈베티시의 악당들〉, 〈뻐꾸기 나무〉 등 많은 작품이 있습니다.

그린이 최미숙 1963년 충청남도 홍성에서 태어났습니다. 홍익대학교를 졸업했고, 여러 어린이 책에 그림을 그렸습니다.

옮긴이 햇살과 나무꾼 어린이들의 마음에 따뜻한 사랑을 심어주는 책을 꾸준히 펴낸 어린이 책 전문 기획실입니다. 〈말썽꾸러기 고양이와 풍선장수 할머니〉, 〈한밤중 톰의 정원에서〉, 〈장영실〉 등을 펴냈습니다.

옮긴이의 말 중에서

"이 책에는 단지 소망이나 상상이 아니라 꿈속에서든 현실에서든 여러분이 보았을지도 모르는 신비한 일들이 담겨 있습니다. 그러니까 이 책에 실린 여덟 편의 이야기들은 여러분의 꿈과 마음속에서 뽑아낸 이야기들이라고 할 수 있습니다. 이 책을 읽으면서 상상의 나래를 마음껏 펼쳐 보세요. 상상력은 새로운 것을 창조하는 밑거름이 되기 때문입니다."

♥ 1997년 11월 처음 펴냄. 글 조안 에이킨. 그림 최미숙. 햇살과 나무꾼 옮김. 펴낸곳 우리교육. 176쪽. 7,000원

왕치와 소새와 개미

지은이 채만식 1902년 전라북도 옥구에서 태어났습니다. 290여 편에 이르는 작품을 발표했으며, 해방 후 1950년에 돌아가셨습니다. 〈탁류〉, 〈태평천하〉, 〈해 뜨는 교실〉, 〈인형의 집을 나와서〉, 〈레디 메이드 인생〉 등을 썼습니다.

그린이 최민오 1966년 서울에서 태어났습니다. 추계예술대학교에서 서양화를 공부했습니다. 〈내 고추는 천연기념물〉, 〈응가하자, 끙끙〉, 〈꿀꿀돼지〉 등의 작품이 있습니다.

내용

〈왕치와 소새와 개미〉는 1941년 월간 문학지 〈문장〉에 발표된 풍자적 우화 소설입니다. 왕치는 왜 머리가 홀러덩 벗어지고, 소새는 왜 주둥이가 뚜우 나오고, 개미는 왜 허리가 잘룩 부러졌는지 우화적으로 이야기했습니다.

♥ 2003년 2월 처음 펴냄. 글 채만식. 그림 최민오. 펴낸곳 다림. 40쪽. 8,000원

무섭고도 아름다운 이야기

- 〈설탕으로 만든 사람〉을 읽고

최종수

이 책을 처음 보았을 때 그림이 왠지 이상하고 차가웠습니다. 아니, 조금은 무서웠습니다. 제가 지금까지 본 책들은 글을 주로 보았지, 그림에는 별로 눈이 가지 않았는데 이 책은 달랐습니다. 그림이 먼저 눈에 뜨인 거지요. 그래서 글을 읽기 전에 그림부터 먼저 훑어보았습니다. 아무래도 낯설고 조금 으스스했습니다. 책을 읽었더니 내용도 좀 으스스했습니다.

어떤 공주가 설탕, 아몬드, 밀가루로 사람을 만들었습니다. 그런데 나쁜 여왕이 그 설탕으로 만든 사람을 훔쳐갔습니다. 공주는 무쇠 신발 세 켤레를 가지고 그 사람을 찾아 나섰습니다. 이런 저런 모험을 하고 무쇠 신발이 다 닳은 끝에 공주는 설탕으로 만든 사람을 찾아냈습니다. 그리고 여왕의 방해를 물리치고 마침내 설탕으로 만든 사람을 데리고 돌아왔습니다. 나쁜 여왕은 자기도 설탕으로 사람을 만들어 보았지만 그 사람은 썩고 말았습니다.

이 이야기도 우리나라 이야기처럼 좋은 사람이 이기고, 나쁜 사람은 결국 실패한다는 것으로 끝납니다. 아주 재미있는 책은 아니었지만 그래도 신기하고 흥미로웠습니다.

그런데 이상한 것은 이 책을 읽은 다음에 이 책의 어떤 부분이 마치 제 일처럼 눈앞에 나타난다는 것이었습니다. 그리고 제가 주인공이 되어 그 설탕 사람을 찾아 모험도 하는 것이었습니다.

아빠에게 그런 이야기를 했더니 웃으면서 그런 것을 공상이라고 한다며, 그 공상을 마음껏 즐기라고 하시더군요. 이 책을 읽은 지 몇 달이 지난 지금도 이 책과 비슷한 모양의 공상을 가끔 합니다. 어떤 공상이냐구요? 안 가르쳐 줘요. 여러분도 각자 해보세요. 아주 신기하고 재미있습니다.

　이제부터 여러분이 다음의 원고지 4매에 독후감을 씁니다. 무엇을 쓰든지 마음 편하게, 침착하게, 천천히 쓰기 바랍니다.

　원고지에 쓰는 요령은 이 책의 30쪽~32쪽과 40쪽~42쪽에 있으니 미리 한번 읽어 보는 것이 좋겠지요.

　글을 쓰기 전에 날짜를 원고지 위에 꼭 쓰기 바랍니다. 나중에 다시 보는 날이 반드시 있을 것입니다.

20 × 10

20 × 10

20×10

20×10

글의 처음을 시작하는 다섯 가지 방법 중 4 , 5

4. 가장 인상적이고 감동적으로 느낀 부분 전하기

책을 읽은 후, 어떤 장면이 지워지지 않고 자꾸만 눈앞에 어른거리고, 아직도 어떤 기운이 내 마음을 두드리는 듯하고, 끊임없이 가슴 한 구석을 뭉클하고 아리게 하는 쓰라림, 문득 문득 눈앞이 흐려지고 고개가 저절로 숙여지는 듯한, 이런 느낌을 주는 책들을 우리는 감동적인 작품이라고 말합니다.

글을 쓰면서 가장 인상적이거나 감동적으로 느낀 부분을 글의 제일 앞에 쓰는 것도 독후감을 잘 쓰는 방법입니다. 가장 느낌이 생생한 표현은 다른 사람의 마음의 문을 여는 열쇠이기 때문입니다. 내가 느낀 만큼은 아니더라도 내 글을 읽는 사람도 느낌을 전달받을 수 있을 것입니다.

야생 동식물을 사랑하자는 백 마디의 외침보다 더 생생한 느낌을 주는 〈흰빛 검은빛〉을 읽은 어떤 어린이의 감동을 적어 볼까요?

한국의 〈시튼 동물기〉라 할 수 있는 책이었습니다. 커럼포의 늑대왕 로보가 장엄하게, 대장답게 최후를 마치는 장면은 아직도 눈에 선합니다. 그러나 〈흰빛 검은빛〉 두 늑대의 이야기는 〈시튼 동물기〉보다 더 장엄하고 슬펐습니다. 눈물이 쏟아질 듯했습니다.

흰빛 검은빛 늑대 형제가 살 곳을 찾아 헤매며 처절하게 싸우는 장면은 너무 가슴을 아프게 했습니다. 그리고 돈이 되기만 하면 생명을 짓밟고, 산도 마구 잘라내는 인간들이 있었습니다. 그러나 사냥꾼들의 반대편에는 생명을 감싸 안고 인간과 짐승을 모두 사랑하는 할멈이 있었습니다. 이 할멈의 마지막 가는 길을 피투성이로 따라가는 흰빛의 최후를 지켜보는 저는 하염없이 내리는 눈 속에서 울부짖고 있었습니다. '흰빛아, 제발 죽지 마!'

5. 책의 내용과 연결되는 나의 생활, 생각 옮기기

 이 방법은 가장 쓰기가 어렵지만, 가장 자연스럽고 세련되게 글을 시작하는 방법입니다. 독후감이란 결국, 책을 읽은 후, 내 것으로 소화시켜 나를 돌아보는 일이기 때문입니다. 주인공과 견주어서 나는 어떤 모습을 하고 있는지, 이 책에서 생각해 보고 싶은 나의 모습은 어떤 것인지 찾아내는 것이 중요합니다. 그래야만 내 마음의 양식이 되어 마음을 살찌우기 때문입니다.
 이 방법으로 글을 쓰려면 우선 자신의 주관을 뚜렷이 세워야 합니다. 자기 스스로 중심을 잡아야 다른 사람의 생활과 생각도 냉정하게 볼 수 있기 때문입니다. 또 무엇이 옳은지, 무엇이 옳지 않은지를 분별하는 판단력도 있어야 합니다. 옳은 것을 옳게 보고 잘못된 것을 고쳐가는 것이 올바르게 살아가는 기본 자세이고 글 쓰는 자세이기 때문입니다.
 아파트 숲에 사는 요즘의 한 어린이가 〈저 하늘에도 슬픔이〉의 주인공 윤복이를 어떻게 보고 있는지 한번 보겠습니다.

 "동생 지운이에게만 미키 시계를 사 주었다고 떼쓰며 심통을 부렸던 게 부끄러워집니다. 게다가 제게는 시계가 있는데 새 것을 갖고 싶은 욕심 때문에 엄마를 미워하기까지 했습니다.
 그런데 저랑 똑같은 4학년인 윤복이는 하루 끼니가 어려워 깡통을 들고 밥을 얻으러 갑니다. 껌을 팔면서 형들에게 맞아서 피투성이가 되기도 합니다.
 저 같으면 어땠을까요? 이럴 때 심술만 부리고 미워하는 마음과 포기하는 마음만 키웠을 것입니다. 이 책을 보면서 저는 많은 생각을 했습니다."

　글의 처음을 시작하는 방법으로 다섯 가지를 이야기했습니다. 이외에도 여러 방법이 있을 수 있습니다. 우선 줄거리만 모두 쓰고 한 문단씩 자기 생각을 쓴다거나, 다른 작품과 비교해 가며 쓸 수도 있습니다. 그러나 그러한 것은 글쓰기에 어느 정도 익숙해진 다음에 해도 됩니다. 처음에는 위에 들은 다섯 가지 방법을 마음에 두고 글을 쓰는 것이 좋습니다.

9월

독서의 달

　아침 저녁으로 스치는 서늘한 한 줄기 바람에 지난 여름에 흘린 땀의 뜻을 되새겨 봅니다. 뜨거운 태양 아래 느슨하게 지냈던 여름을 뒤로 하고 가을을 맞이합니다. 들리지 않던 풀벌레 소리가 귓가에 들리기 시작합니다. 우리 마음 속에서 울리는 소리도 들을 수 있는 계절이 되었습니다.

　이 좋은 계절에 무엇을 하면 가장 좋을까요? 노는 것이 제일 좋겠지요. 그러나 놀기만 할 수는 없겠지요. 책도 읽어야죠. 이 달은 독서의 달입니다. 너무 놀기만 할까 봐 독서의 달로 정했나요? 아니면 독서하기 아주 좋은 달이니까 독서의 달로 정했나요?

　9월이 독서의 달이기는 하지만 독서란 특별히 한 달 정해놓고 할 것이 아니니까 여기에서는 다른 주제를 하나 정해보는 것은 어떨까요? 이 달에는 우리 주변에 있는 동물들을 주인공으로 하여 우리에게 무엇인가를 일깨워 주는 이야기들을 읽어 봅니다.

　우리는 동물과 식물 모두에게 애정을 가져야 합니다. 그들은 생명을 가지고 있으며 우리와 함께 살아가야 하는 것이니까요. 세상에 쓸모없는 존재는 단 하나도 없다고 합니다. 심지어 모기처럼 사람의 피를 빨아먹는 해충조차 말입니다. 이런 자연의 이치를 안다면, 모든 생명을 존중하고 귀하게 여겨야 할 것입니다. 벌레 한 마리, 풀 한 포기 모두 소중하며 모두 인간에게 필요한 것들입니다. 산과 들에서 개미 한 마리라도 함부로 밟으면 안됩니다.

　이 달에 읽을 책은 여러 독특한 동물들이 주인공인 책들입니다.

행복한 강아지 뭉치

글쓴이 이미애 1964년 대구에서 태어났습니다. 중앙대학교 문예창작과를 졸업했고, 1987년부터 작가로 활동을 시작했습니다. 지은 책으로 〈그냥 갈까, 아니 아니 손잡고 가자〉, 〈무엇이 무엇이 똑같을까?〉, 〈이렇게 자 볼까? 저렇게 자 볼까?〉 등이 있습니다.

그린이 이정규 1968년 전라남도 장흥에서 태어났고, 중앙대학교와 대학원에서 동양화를 공부했습니다. 〈행복한 강아지 뭉치〉는 처음으로 그린 동화책입니다.

줄거리

태어나자마자 노을이의 신발 속에 작은 털뭉치처럼 담겨진 강아지. 가끔은 사고뭉치처럼 엉뚱한 짓도 하지만 눈이 새카만 포도알처럼 동그랗고 반짝이는 강아지. 뭉치는 엄마와 헤어지는 아픔을 겪고도 꿋꿋이 견뎌 냅니다. 그리고 친구 돌탱이와 노을이, 탐나, 빛나와 함께 숲 속 탐험을 하기도 합니다.

♥ 2000년 10월 처음 펴냄. 글 이미애. 그림 이정규. 펴낸곳 푸른책들. 144쪽. 6,500원

벌거벗은 코뿔소

지은이 미하엘 엔데(1929~1995) 독일어권 작가 가운데 가장 유명한 작가 중의 한 사람입니다. 〈모모〉와 〈끝없는 이야기〉는 세계 각국에서 사랑받고 있습니다. 〈짐 크노프와 기관사 루카스〉, 〈짐 크노프와 13명의 악당〉 등의 작품이 있습니다.

그린이 라인하르트 미흘 1948년 독일 하우젠에서 태어났습니다. 뮌헨대학에서 회화를 공부했습니다. 1980년부터 동화책과 TV동화에 그림을 그리고 있습니다.

옮긴이 김서정 중앙대학교 문예창작과를 졸업했습니다. 지은 책으로 〈유령들의 회의〉, 〈꼬마 엄마 미솔이〉 등이 있고, 옮긴 책으로 〈용의 아이들〉, 〈어린이 문학의 즐거움〉 등이 있습니다.

내용

아프리카 초원에 코뿔소 한 마리가 살았습니다. 아무도 코뿔소를 당해낼 수가 없었습니다. 큰 코끼리조차 코뿔소를 피했습니다. 코뿔소는 아주 난폭해졌습니다. 그래서 동물들이 모여 코뿔소를 물리치기 위해 회의를 했지만 소용없었습니다. 동물들이 모두 다른 곳으로 떠납니다. 홀로 남은 코뿔소에게 작은 새가 동상을 만들라고 합니다. 위대한 자는 모두 동상이 있다고 말합니다. 위대한 코뿔소는 귀가 솔깃해집니다.

♥ 2001년 5월 처음 펴냄. 글 미하엘 엔데. 그림 라인하르트 미흘. 김서정 옮김. 펴낸곳 문학과 지성사. 40쪽. 7,500원

게으름뱅이 나무늘보 우화

글쓴이 이윤희 중앙대학교에서 문예창작을 공부했습니다. 지은 책으로 〈꼬마 요술쟁이 꼬슬란〉, 〈네가 하늘이다〉, 〈컴퓨터 나라의 왕자〉 등이 있습니다.

그린이 김삼현 전북대학교에서 시각디자인을 공부했습니다. 그린 책으로 〈무지개 새〉, 〈신데렐라〉, 〈웃음꽃을 찾아서〉 등이 있습니다.

본문 중에서

"항상 그렇듯이, 나무늘보의 이 비극도 엄청난 사건에서 시작된 것은 결코 아니야. 그저 사소한 일, 어찌 보면 아무것도 아닌 일에서 비롯된 것이지. 그리고 바로 그 점이, 우리가 아주 주의해야 할 문제인 것이고. 나무늘보도 처음부터 잠꾸러기는 아니었거든."

♥ 2002년 5월 처음 펴냄. 글 이윤희. 그림 김삼현. 펴낸곳 파랑새어린이. 100쪽. 7,000원

화요일의 두꺼비

지은이 러셀 에릭슨 미국 커네티컷 주의 작은 마을에서 어린 시절을 보냈습니다. 한국과 일본에서 군대생활을 하다가 서른 살이 훨씬 넘어서 어린이를 위한 책을 쓰기 시작했습니다. 작품으로 〈워턴과 상인들〉, 〈워턴과 스키 왕〉 등이 있습니다.

그린이 김종도 1959년 전라북도 정읍에서 태어났습니다. 전주대학교에서 서양화를 전공했습니다. 그린 책으로 〈날아라 된장잠자리야〉, 〈원숭이 의사가 왕진을 가요〉 등이 있습니다.

옮긴이 햇살과 나무꾼 어린이를 소중히 여기는 사람들이 모여 만든 곳으로, 어린이를 위한 책들을 기획 · 번역해 왔습니다. 옮긴 책으로 〈나무는 좋다〉, 〈작은 책방〉 등이 있습니다.

줄거리

두꺼비 워턴은 툴리아 고모댁에 가는 길이었습니다. 커다란 올빼미가 나타나 자기 생일인 다음주 화요일에 워턴을 잡아먹겠다고 합니다. 워턴은 살아있는 동안만이라도 마음 편히 지내기로 했습니다. 마침내 화요일이 되었습니다.

♥ 1997년 12월 처음 펴냄. 글 러셀 에릭슨. 그림 김종도. 햇살과 나무꾼 옮김. 펴낸곳 사계절. 120쪽. 6,500원

건방진 자의 최후

-〈벌거벗은 코뿔소〉를 읽고

구남초등학교 2학년 5반 윤시원

저 먼 아프리카 초원에 코로바다라는 코뿔소가 한 마리 살았습니다. 코뿔소는 성질이 몹시 사나웠습니다. 코뿔소는 온몸에 방패를 두른 듯이 철갑을 두르고 있었습니다. 그리고 뿔도 두 개나 가지고 있었습니다. 초원에 사는 모든 동물들이 코뿔소를 두려워하고 피했습니다.

동물들이 모여 코뿔소를 물리칠 궁리를 했지만 좋은 방법이 없었습니다. 코뿔소는 날이 갈수록 더욱 사나워졌습니다. 마침내 동물들은 모두 떠나고 말았습니다.

동물들이 모두 떠나자 코뿔소는 아주 기분이 좋았습니다. 그때 작은 새 쪼아쪼아가 코뿔소에게 동상을 만들라고 꼬드깁니다. 우쭐해진 코뿔소는 동상을 만들려고 합니다. 그런데 만들 방법이 없으니까 자기 스스로 동상이 되기로 합니다. 바위 위에 올라가 한껏 폼을 잡은 코뿔소는 진짜 동상처럼 보입니다.

오랫동안 그렇게 서 있자니 힘이 들고 먹지 못해 코뿔소는 껍데기는 그냥 놔두고 비쩍 마른 알몸만 쏙 빠져 나왔습니다. 껍데기는 그대로 동상이 되었습니다. 알몸 코뿔소가 어디로 갔는지는 아무도 모릅니다.

멀리 갔던 동물들은 다시 돌아와 코뿔소 동상에서 놀고 있습니다. 아무도 코뿔소를 두려워하지 않습니다.

저는 이 책을 보면서 코뿔소가 참으로 건방지다고 생각했습니다. 그리고 미련하다고 생각했습니다. 그리고 건방진 것은 미련한 것과 무엇인가 통하는 것이 있는 것 같습니다. 코뿔소뿐 아니라 누구도 건방져서는 안될 것 같습니다.

이제부터 여러분이 다음의 원고지 4매에 독후감을 씁니다. 무엇을 쓰든지 마음 편하게, 침착하게, 천천히 쓰기 바랍니다.

원고지에 쓰는 요령은 이 책의 30쪽~32쪽과 40쪽~42쪽에 있으니 미리 한번 읽어 보는 것이 좋겠지요.

글을 쓰기 전에 날짜를 원고지 위에 꼭 쓰기 바랍니다. 나중에 다시 보는 날이 반드시 있을 것입니다.

20 × 10

20 × 10

20×10

20×10

줄거리와 느낌은 어떻게 쓰나요?

- 거듭 읽고, 거듭 생각하고, 거듭 쓰는 훈련

글에서 줄거리와 느낌이 들어가는 가운데 부분은 물고기로 치면 가장 몸집이 큰 몸통에 해당됩니다. 물고기의 어느 부분도 다 중요하겠지만 몸통이 큰 것은 그만큼 할 일이 많고 필요하기 때문이겠지요. 처음은 멋있게 시작했는데 가운데 큰 부분이 엉성하거나 너무 조급하면 읽는 사람의 마음이 흡족하지를 못합니다. 적당한 빠르기와 분량으로 알맞게 써 나가야 합니다. 그래야 하고 싶은 말을 다하고 읽는 사람에게도 내 뜻을 잘 전할 수 있습니다.

이 부분을 보통 글의 본론이라고 말합니다. 문단 3~5개의 분량으로, 문단마다 다른 내용으로 자기의 하고 싶은 말을 다 하는 것입니다. 다른 부분도 마찬가지지만, 특히 이 부분은 글을 쓰기 전에 미리 무엇을 쓸 것인가를 생각해 두는 것이 좋습니다. 첫 번째는 무엇에 대하여, 두 번째는 무엇에 대하여, 세 번째는 무엇에 대하여, 이렇게 미리 생각해서 옆에 메모해 두었다가 쓰면 훨씬 내용이 짜임새가 있게 됩니다.

그러면 이 부분에서 어떻게 하면 나의 뜻과 느낌을 잘 전달할 수 있을까요?

먼저 생각해야 할 것은 줄거리보다는 느낌 중심으로 써야 한다는 것입니다. 줄거리는 경우에 따라 한 문단 정도로 줄일 수도 있고, 때에 따라서는 여러 쪽으로 길게 쓸 수도 있습니다. 그러나 줄거리는 그 책의 줄거리이지 나의 것은 아닙니다. 나의 글을 쓰고 있다는 것을 잊지 말고, '줄거리는 간략하게, 느낌은 길게' 라는 마음으로 써야 합니다.

줄거리를 먼저 쓰고 뒤에 가서 느낌은 겨우 한두 문장으로 서둘러 끝맺는 어린이를 많이 봅니다. 좋은 글이 될 수 없지요. 처음에는 '줄거리+느낌' 형식보다는 '줄거리+느낌+줄거리+느낌' 형식으로 쓰는 훈련이 필요합니다. 그래야만 줄거리에 치우치지 않고 느낌과 줄거리를 골고루 쓰게 됩니다. 이 훈련이 충분히 된 다음에 '줄거리+느낌' 으로 쓰되, 느낌 중심으로 쓰는 것입니다.

느낌이란 과연 무엇일까요? 대개 느낌 하면 '기쁘다, 슬프다, 즐겁다, 재미있다, 감동적이다.' 같은 형용사를 떠올리게 됩니다. 그러나 '느낌'의 뜻을 크게 보면, 여러 종류로 훨씬 폭넓고 다양합니다. 책을 읽고 새롭게 안 지식, 나의 생활과 견주어 본 생각, 내 생각을 바꾸는 계기가 된 내용, 비판적으로 바라본 시각, 구체적으로 내 생활에 어떻게 옮겨 볼까 하는 계획, 새로운 결심, 이 모든 것이 느낌의 범위에 들어갑니다.

그러면 느낌은 어떻게 찾아내는 것일까요? 책을 읽다가 무엇인가 나의 가슴과 영혼에 다가오고 있음을 느꼈을 때 그것을 놓치지 말고 바로 알아채는 것이 느낌을 찾아내는 방법입니다. 누구나 좋은 책을 읽을 때, 분명히 무엇인가 다른, 이상한 기분이 들 때가 있습니다. 마음에 살짝 살짝 스쳐가는 그 무엇이 있다는 말입니다. 그때가 바로 느낌이 오는 때인 것입니다. 말은 쉽지만 그것을 찾아내기가 결코 쉬운 일은 아닙니다. 그렇더라도 찾아오는 느낌을 놓치지 않으려면 각자 정신 바짝 차리고 해야 할 일입니다.

느낌을 표현하는 것은 어렵다고만 생각할 일이 아닙니다. 그리고 "나는 느낌 없어요."라고 마음을 닫으려 해서도 안됩니다. 그저 떠오르는 느낌과 생각을 자연스럽게 받아들이고, 자신감 있게 표현하면 됩니다. 그러한 연습을 쌓아 나가면 느낌을 많이, 잘 쓰게 됩니다. 느낌이란 자전거 타고 가다가, 밥 먹으면서, 운동하다가 잠깐 쉴 때에도 문득 떠오르기도 합니다. 그때 생각을 잘 기억했다가 정리하는 것도 좋은 방법입니다.

다음으로, 좋은 글은 솔직함에서 나오고, 감동은 진실에서 온다는 것을 잊지 말아야 합니다. 예쁜 문장, 멋있는 문장을 쓰려는 노력보다 자신을 정직하게 바라보려는 노력이 앞서야 합니다. 다른 사람의 마음을 움직이는 힘은 진실임을 잊지 말아야 합니다.

　느낌을 잘 표현하고, 솔직함과 진실로 다른 사람에게 공감과 감동을 주는 글이 잘 쓴 글입니다. 이러한 글을 쓰기 위해서는 거듭 읽고, 거듭 생각하고, 거듭 쓰는 훈련을 많이 해야 합니다. 이 세 가지를 많이 하는 것을 옛부터 최고의 글쓰기 훈련으로 생각했습니다.

10월

결실의 달

　　높고 푸른 하늘과 색깔 변한 나무를 보면서 두리번거리는 계절, 가을입니다. 풍요롭게 익은 과일과 열매들도 짙은 향기와 달콤한 냄새를 풍기며 코끝을 간지럽힙니다.

　　가을의 색깔을 도화지에 그리고 싶고 콧소리로라도 흥얼거리고 싶은 가을의 멋과 맛을 이대로 그냥 지나쳐 버리기에는 너무 아깝습니다. 가까운 공원, 그림 전시회나 음악회, 고궁, 아니면 먼 산이나 바다를 찾아가는 여행을 떠나 가을의 잔치를 맘껏 즐겨 보기 바랍니다. '가을의 색깔, 가을의 소리'라는 글감으로 짧은 글이라도 한 편 써 보아야 할 것 같습니다.

　　가을은 결실의 계절이라고 합니다. 온갖 곡식과 과일이 여무는 계절이지요. 그러나 곡식과 과일만 결실을 맺어야 하나요? 아니지요. 사람도 무엇인가 결실을 맺으면 좋겠지요. 그래서 이 달에는 사람으로서 무엇인가 결실을 맺는 느낌을 주는 책들을 읽어 보도록 하겠습니다. 우리의 생각이 결실을 맺고, 우리의 마음이 결실을 맺는다는 기분으로 책을 읽어보기 바랍니다.

보리타작 하는 날

지은이 윤기현 1949년 전라남도 해남에서 태어났습니다. 농촌의 현실과 농촌 아이들 이야기가 담긴 동화를 많이 썼습니다. 〈서울로 간 허수아비〉, 〈해가 뜨지 않는 마을〉, 〈회초리와 훈장〉, 〈어리석은 독재자〉 등의 작품을 썼습니다.

그린이 김병하 1969년 전라남도 고흥에서 태어났습니다. 전남대학교에서 미술을 공부하고 〈칠칠단의 비밀〉, 〈훈이와 장산곶 할아버지〉, 〈달빛 노래〉 등의 어린이 책에 그림을 그렸습니다.

내용

이 책에는 시골에 사는 석이와 현이의 이야기가 있습니다. 봄, 여름, 가을에 벌어지는 이야기로 ‘큰 물방울 작은 물방울’, ‘보리타작 하는 날’, ‘인디언 놀이’, ‘우리 어머니’, ‘추석 잔치’, ‘곶감 만들기’가 그 이야기들입니다. 여러분도 이들이 들려주는 정겨운 시골 이야기의 주인공이 되어 보세요. 순박한 마음과 따뜻한 정을 흠뻑 주고받을 수 있을 것입니다.

♥ 1999년 11월 처음 펴냄. 글 윤기현. 그림 김병하. 펴낸곳 사계절. 132쪽. 6,500원

엄마 없는 날

지은이 이원수 1911년 경상남도 양산에서 태어나 1981년에 돌아가셨습니다. 너무나 잘 알려진 ‘고향의 봄’을 비롯하여 수백 편의 동요와 동시, 동화를 썼습니다. 〈숲 속 나라〉, 〈꼬마 옥이〉, 〈호수 속의 오두막집〉 등의 작품이 있습니다.

그린이 권문희 · 이상권 · 이영경 · 이웅환

내용

이 책에는 동화 열 편이 실려 있습니다. 아름답고 평화로운 세상을 좋아하고 희망을 가진 어린이들을 위한 이야기들입니다. 제목만으로도 가슴이 따뜻해집니다. 도깨비 마을, 해바라기, 엄마 없는 날, 갓난 송아지, 불꽃의 깃발, 은이와 나무, 엄마의 애기, 불새의 춤, 장군의 화경, 비옷과 우산.

♥ 1997년 11월 처음 펴냄. 글 이원수. 그림 권문희 · 이상권 · 이영경 · 이웅환. 펴낸곳 웅진주니어. 136쪽. 6,500원

성난 수염

지은이 마해송(1905~1966) 개성에서 태어나 보성보통학교를 다니다가 중퇴하고 일본 니혼대학 예술과를 졸업했습니다. 〈해송 동화집〉, 〈모래알 고금〉, 〈떡배 단배〉 등의 동화집이 있습니다.

그린이 박병국 1964년 전라남도 광주에서 태어났습니다, 서울대학교 서양학과를 나왔고, 여러 어린이 책에 그림을 그리고 있습니다.

지은이의 아들 마종기의 말 중에서

"이제 아버님의 동화집이 초등학교 아랫 학년 어린이들이 읽기 쉽게 새롭게 만들어져 나오게 되어 매우 기쁩니다. 아무쪼록 어린이 여러분이 앞으로 훌륭하게 자라는데 이 동화집이 조금이라도 도움이 되기를 바랍니다. 제 인사말보다는 아버님의 동화가 훨씬 더 재미있을 테니까 저는 이만 물러가겠습니다. 어린이 여러분, 그럼 안녕."

♥ 2000년 4월 처음 펴냄. 글 마해송. 그림 박병국. 펴낸곳 우리교육. 176쪽. 7,000원

비나리 달이네 집

글쓴이 권정생 1937년 일본 도쿄에서 태어나 해방 직후에 귀국했습니다. 1969년 〈강아지똥〉으로 작품 활동을 시작했습니다. 작고 보잘것없는 것들에 대한 따뜻한 애정과 굴곡 많은 사람들의 삶을 보듬는 글을 썼습니다. 동화집 〈사과나무밭 달님〉, 〈하느님의 눈물〉 등과 소년 소설 〈몽실언니〉 〈점득이네〉 등이 있습니다.

그린이 김동성 여섯 살 봄까지 부산 광안리에서 살았습니다. 지금은 아내와 2000년에 태어난 아들과 함께 의문투성이인 하루하루를 그림을 그리며 살고 있습니다.

지은이의 말 중에서

"강아지가 말을 하는 걸 나는 한번도 들어보지 못했습니다. 그런데 비나리에 살고 있는 강아지 달이는 말을 한다는군요. 대체 달이는 어떤 강아지인지, 그리고 아빠라는 신부님과 어떻게 살고 있는지, 우리 모두 비나리로 가 보도록 해요. 비나리 마을은 사방으로 산이 둘러쳐 있어 동산에서 늦게 해가 뜨고, 서쪽으로 해가 빨리 진답니다."

♥ 2001년 6월 처음 펴냄. 글 권정생. 그림 김동성. 펴낸곳 낮은산. 64쪽. 6,800원

세상 첫 나들이하는 송아지
- 〈엄마 없는 날〉 중 '갓난 송아지'를 읽고

김옥련

'나의 살던 고향은 꽃피는 산골, 복숭아꽃, 살구꽃 아기 진달래…….' 우리 엄마는 부엌에서 자주 이 노래를 흥얼거리십니다. 담임 선생님께서는 〈엄마 없는 날〉이라는 책을 쓰신 이원수 선생님이 지으신 가사라고 하셨습니다. 지금 우리의 사는 모습과 달라서 더 재미있었던 동화집이었습니다.

'갓난 송아지'는 강아지를 키우고 싶어 하는 제 마음을 만족시켜 주는 동화였습니다. 수근이는 누렁이가 송아지를 낳았다는 게 너무 신기했습니다. 아침에도 나지 않았던 것이, 어미젖을 쭉쭉 빠는 모습이 너무 귀여웠습니다. 정말 나자마자 서서 젖을 빠는 그 송아지가 내 곁에 있었다면, 저도 수근이의 마음처럼 신기해서 송아지의 모습에 넋을 잃었을 것 같습니다.

저녁에 외양간이 갑자기 훤히 밝아졌습니다. 송아지가 뒤뚱뒤뚱 걸어와 보니 서쪽 하늘에 저녁놀이 비늘처럼 영롱하게 번져 가고 있었습니다. 꽃부채처럼 노을이 펼쳐진 하늘이었습니다. 이윽고 밤이 되었습니다. 하늘에는 총총한 별이 등불처럼 가득한데 수근이도 예쁜 송아지가 보고 싶어 등불을 들고 옵니다.

엄마소는 아기소에게 가르치고 보여줘야 할 게 너무 많았습니다. 달, 바람, 풀 뜯기……. 엄마 아빠가 우리를 이 세상에 데려와서 가르치고, 여기저기 데리고 다니면서 보여주는 모습과 너무 비슷했습니다. 부모님이 이렇게 나를 사랑하시는구나!

수근이가 송아지를 껴안고 사랑하는 것, 제가 강아지를 좋아하는 것, 부모님이 저를 사랑하는 것, 어쩌면 모두가 같은 모습이 아닐까 생각해 보았습니다.

갓난 송아지가 세상에 첫나들이를 하면서 호기심 어린 눈길로 모든 것을 신기하게 바라보는 것이 너무 귀엽습니다. 제가 갓난애였을 때도 그랬을까? 엄마의 눈길에는 모든 제 모습이 이렇게 예쁘고 귀여웠을까?

　이제부터 여러분이 다음의 원고지 4매에 독후감을 씁니다. 무엇을 쓰든지 마음 편하게, 침착하게, 천천히 쓰기 바랍니다.

　원고지에 쓰는 요령은 이 책의 30쪽~32쪽과 40쪽~42쪽에 있으니 미리 한번 읽어 보는 것이 좋겠지요.

　글을 쓰기 전에 날짜를 원고지 위에 꼭 쓰기 바랍니다. 나중에 다시 보는 날이 반드시 있을 것입니다.

20 × 10

20 × 10

글의 끝맺음은 어떻게 하나요?

- 산뜻하게, 자연스럽게, 인상적으로

글의 끝맺음은 물고기로 치면 꼬리 부분에 해당됩니다. 꼬리는 몸통에 비해 짧고 작지만 큐피트의 화살처럼 하트 모양을 하고 있어 멋있지요. 글의 끝맺음도 이렇게 멋있고 사랑스럽게 하는 것이 좋습니다. '그렇지, 그래. 아, 그렇구나.'라는 공감이 남는 것이 좋은 끝맺음입니다.

글의 끝맺음에는 더 이상 이어질 것 같지 않고, 아무런 할 말이 없는 산뜻함이 있어야 합니다. 산뜻함이란 머리가 맑아지고 허공에 뜬 흰 구름 같은 가벼움만 느껴지는 것입니다. 입가에 미소가 감돌고 밝은 미래가 기대되는 것이 산뜻함입니다.

끝맺음에는 자신감이 있어야 합니다. 한 권의 책을 읽고 자신을 돌아보아 스스로를 믿고 확신을 가진다면 그것이 자신감입니다. 자기가 자기를 믿고 존중해 주지 않는다면 누가 나를 믿고 존중해주겠습니까? 자신감을 가지면 미래를 위한 결심도 서겠지요. 자신감을 가지고 힘찬 미래를 다짐하는 예를 하나 들어 보겠습니다.

"저는 지금부터 부지런하고 규칙적인 생활을 하겠습니다. 자기 전에 모든 것을 다 해 놓겠습니다. 학교에서 돌아와서는 운동을 하고, 씻고, 저녁을 먹고, 휴식을 취하겠습니다. 그 다음, 숙제를 먼저 하고, 공부를 예정대로 하겠습니다. 10시에 자겠습니다. 다음 날 아침 일찍 일어나 힘찬 하루를 시작하겠습니다. 꼭 그렇게 하겠습니다. 그래서 몸과 마음이 건강한 어린이가 되겠습니다. 나는 그렇게 할 수 있습니다."

끝맺음은 자연스러워야 합니다. 음악의 마지막 절정, 오던 비가 멈출 때, 밤물이 잦아드는 장면들은 모두 무엇인가 비슷하지 않나요? 바로 자연스럽다는 것입니다. 해가 지면 어둠이 오고, 어둠이 걷히면서 새벽이 오듯 말입니다. 글의 끝 부분도 이와 같아야 합니다. 느낌과 분위기로 여기가 끝이라는 것을 알 수 있어야 합니다. 예를 들어 보겠습니다.

"주위가 모두 조용해 졌습니다. 눈도 그쳤습니다. 그들은 그렇게 떠났지만 내 마음에서 떠난 것은 아니었습니다. 나는 그들이 다시 돌아오리라고 믿습니다."

글의 끝맺음은 지금까지 말한 모든 것을 한 마디로 요약할 수 있는 인상적인 말로 끝맺을 수도 있습니다. 두세 개의 짧은 문장으로 결론을 말하면, 그 말이 짧고 강렬하기 때문에 읽는 사람에게는 깊은 인상을 남길 수 있습니다. 예를 들어보겠습니다.

"둘리틀 선생님의 동물을 사랑하는 마음이 그들의 언어를 듣게 했습니다. 사랑하는 마음은 이쪽과 저쪽을 연결하는 길과도 같습니다. 피가 통하는 붉은 길 말입니다."

11월

예술가 · 위인의 달

가을이 깊이 가라앉아, 더 붙잡고 싶고 아쉽습니다. 울긋불긋하던 단풍은 조금씩 색깔을 잃어가고 있고, 하얀 눈은 아직 한참 더 기다려야 합니다. 어떤 빛으로도 드러낼 수 없는 애매한 달로 느껴지는 것이 11월이 아닐까요?

자연의 빛이 애매할 때 우리의 시선을 인간으로 돌려보면 어떨까요. 예술, 학문, 교육, 봉사, 실천 등 여러 방면에서 훌륭한 업적을 남긴 위인들의 업적과 생애를 보면서, 그들이 가르쳐준 길을 따라가 보는 것은 어떨까요. 훌륭한 그 분들을 만나 보세요. 많은 이야기를 해줄 것입니다. 그리고 힘들 때, 앞뒤가 막혔을 때 그 분들에게 물어 보세요. 다정한 위로와 함께 길을 밝혀 줄 것입니다.

그 분들이 우리에게 남긴 훌륭한 유산을 활용하지 않는다면 그것은 그림의 떡이나 다름없습니다. 그 유산들은 모두 책과 작품 속에 들어 있습니다. 결국, 책을 읽지 않는다면 우리에게 '위대한 유산'이 남겨졌다는 사실조차 모르는 것이 되고 맙니다. 위인들의 생애에서 지혜와 교훈을 배우기 바랍니다. 여러분의 미래에 확실한 도움이 될 것입니다.

이 달은 예술가와 위인에 대한 책을 읽는 달입니다. 한 권, 한 권 차분하게 읽으면서 나의 미래를 생각해 보기 바랍니다.

행복한 청소부

지은이 모니카 페트 1951년 독일 하겐에서 태어났습니다. 문학을 전공했습니다. 작은 시골 마을에서 살면서 어린이와 청소년들이 읽을 글쓰기에 전념하고 있습니다. 〈생각을 모으는 사람〉, 〈화가와 도시와 바다〉, 〈파란색과 회색의 나날〉 등을 썼습니다.

그린이 안토니 보라틴스키 그의 그림들은 강렬한 인상을 심어 줍니다. 〈생각을 모으는 사람〉, 〈화가와 도시와 바다〉, 〈일곱 허수아비〉 등을 그렸습니다.

옮긴이 김경연 서울대학교 독문학과를 졸업했습니다. 아동문학가이며 번역가입니다. 옮긴 책으로 〈통조림 속의 인어 아가씨〉, 〈완역 그림 동화집〉, 〈달려라 루디〉 등이 있습니다.

줄거리

거리를 청소하는 청소부 아저씨가 있었습니다. 자기 직업을 사랑하고, 자기가 맡은 거리와 표지판을 사랑했습니다. 그런데 아저씨는 자기가 깨끗하게 닦는 표지판에 써 있는 사람들의 이름에 대해서는 아이만큼도 몰랐습니다. '그건 안 되지. 이대로는 안 돼.' 아저씬 열심히 음악가와 작가에 대해 공부했습니다. 그리고 청소하면서 자기가 아는 것을 말했습니다. 길 가던 사람들이 그의 말을 들었고, 그는 유명해졌습니다.

♥ 2000년 11월 처음 펴냄. 글 모니카 페트. 그림 안토니 보라틴스키. 김경연 옮김. 펴낸곳 풀빛. 32쪽. 7,500원

박수근

지은이 김경연 1965년 경기도 안양에서 태어나 홍익대학교 대학원에서 한국미술사를 공부했습니다. 지금은 한국미술연구소 연구원으로 있습니다.

그린이 이상규 1970년 서울에서 태어났습니다. 이 책에 작은 그림들을 그렸습니다. 그린 책으로 〈제키의 지구 여행〉, 〈열 살이에요〉, 〈어둠 속의 참새들〉 등이 있습니다.

본문 중에서

"젖 먹이는 어머니, 빨래터의 아낙네들, 공기를 가지고 노는 소녀들……. 박수근의 작품에 나오는 사람들은 모두 가난한 이웃들이었어요. 동네 사람들은 박수근이 그림을 그릴 때면 담 너머로 바라보곤 했답니다. 자기들 모습을 그리는 것이 신기해서였지요."

♥ 2002년 3월 처음 펴냄. 글 김경연. 그림 이상규. 펴낸곳 길벗어린이. 32쪽. 7,000원

장영실

글쓴이 고정욱 성균관대학교 국문학과를 졸업하고, 1992년에 소설가가 되었습니다. 어린이들에게 좋은 글을 읽히고 싶다는 염원으로 〈아주 특별한 우리 형〉, 〈안내견 탄실이〉, 〈세상에서 가장 소중한 약속〉 등의 책을 펴냈습니다.

그린이 김용선 경기도 동두천에서 태어났습니다. 서울대학교 회화과를 졸업했습니다. 〈왕이 된 소금장수 을불이〉, 〈옆집 팔순이 누나〉, 〈난 너보다 커, 그런데…〉 등에 그림을 그렸습니다

지은이의 말 중에서

"대부분의 위인전은 장영실을 신비로운 인물, 뛰어난 기술의 천재로만 그리고 있습니다. 과연 그럴까요? 장영실이야말로 끊임없는 노력으로 자신의 미천한 신분을 딛고 일어선 사람입니다. 장영실이 있었기에 우리의 문화가 활짝 꽃피었음도 깨닫게 되었습니다."

♥ 2002년 4월 처음 펴냄. 글 고정욱. 그림 김용선. 펴낸곳 산하. 120쪽. 7,500원

시애틀 추장

글·그림 수잔 제퍼스 어린 시절부터 그림을 그리기 시작했습니다. 1974년 초기 그림책 중 하나로 칼데콧 상 후보에 올랐고, 여러 가지 상과 영광을 안았습니다. 아메리카 원주민에 깊은 애정과 관심을 가졌으며, 〈히아와다〉는 큰 반향을 일으켰습니다. 시애틀 추장의 연설을 그려놓은 이 책은 인간과 자연이 원래 하나라는 인디언의 오랜 믿음을 잘 나타내고 있습니다.

옮긴이 최권행 서울대학교 불문학과를 졸업했으며, 지금은 대학교에서 학생들을 가르치고 있습니다.

본문 중에서

"어린애가 엄마의 뛰는 가슴을 사랑하듯 우리는 땅을 사랑한다. 이제 우리가 당신들에게 우리 땅을 주니 우리가 보살폈듯 애써 보살펴라. 이제 당신들이 이 땅을 가진다고 하니 지금 이대로 이 땅의 모습을 지켜 가라. 당신의 아이들을 위해 땅과 대기와 강물을 보살피고 간직하라. 우리가 사랑했듯 똑같은 마음으로 그것들을 사랑하라."

♥ 2001년 7월 처음 펴냄. 글·그림 수잔 제퍼스. 최권행 옮김. 펴낸곳 한마당. 32쪽. 7,500원

가질 수 있는 것과 가질 수 없는 것

- 〈시애틀 추장〉을 읽고

최종수

미국땅에 본래부터 살고 있던 사람들은 인디언이었습니다. 그런데 백인들이 그곳에 가서 그들을 다 몰아내고 자기들 땅이라고 했습니다. 인디언들은 백인들에 대항해서 싸울 힘이 없었습니다. 그래서 그들은 쫓기고 죽고, 마침내 백인들이 하라는 대로 하고, 살라고 하는 곳에 가서 살아야 했습니다.

시애틀 추장은 훌륭한 인디언 지도자였습니다. 그러나 아무리 훌륭해도 약한 무기로는 자신들을 억압하는 백인들을 막을 길이 없었습니다. 결국 그는 땅을 내놓으라는 백인들에게 땅을 주며 영혼에 가득 찬 말을 남겼습니다.

"당신들은 돈으로 하늘을 살 수 있다고 생각하는가? 당신들은 비를, 바람을 소유할 수 있다는 말인가?" 이렇게 시작되는 시애틀 추장의 말은 그 당시 사람들에게도 깊은 감명을 주었습니다. 그래서 백인의 도시 하나가 그의 이름을 따서 시애틀이 되었습니다. 컴퓨터로 유명한 빌 게이츠도 그곳에 산다고 합니다.

150여 년이 지난 지금, 우리는 돈이면 무엇이든 살 수 있고, 안 되는 것이 없다고 생각되는 세상에서 살고 있습니다. 시애틀 추장의 말은 단지 옛날에 있었던 일이고, 책에서나 나오는 그런 이야기일 뿐일까요?

그러나 지금도 아이들이 시애틀 추장의 이야기를 책으로 읽고 있습니다. 이런 책을 읽고, 감동을 받는 어린이들이 많다면 앞으로는 달라질 것입니다. 시애틀 추장의 말대로 땅은 사람이 가질 수 있는 것이 아니라, 우리가 땅의 일부라는 것을 아이들에게라도 전하고자 하는 생각에서 이 책이 나왔을 것입니다.

땅과 자연은 우리에게 생명을 주는 터전입니다. 그러나 어떤 사람들은 땅이나 자연보다 돈이 먼저입니다. 그런 사람들도 땅은 돈처럼 가지는 것이 아니라는 것을 깨달았으면 합니다. 그리고 그것이 너무 늦지 않기만을 바랄 뿐입니다.

이제부터 여러분이 다음의 원고지 4매에 독후감을 씁니다. 무엇을 쓰든지 마음 편하게, 침착하게, 천천히 쓰기 바랍니다.

원고지에 쓰는 요령은 이 책의 30쪽~32쪽과 40쪽~42쪽에 있으니 미리 한번 읽어 보는 것이 좋겠지요.

글을 쓰기 전에 날짜를 원고지 위에 꼭 쓰기 바랍니다. 나중에 다시 보는 날이 반드시 있을 것입니다.

NO

20 × 10

NO

20 × 10

20×10

20×10

글은 무엇으로 완성되나요?

- 글은 글다듬기(퇴고)로 완성됩니다

　단숨에 써 내려갔는데 좋은 글이 되었다고 하는 것은 뽐내기 위해서 그냥 하는 말입니다. 고치고 또 고치며 좀더 나은 글을 얻기 위해 노력하는 것이 진정한 글쓰기의 자세입니다. 이것은 마치 좋은 작품을 위해 열심히 빚은 도자기를 과감히 깨뜨리는 장인의 정신과 같습니다.

　글을 다듬는다는 뜻의 유래인 퇴고(推敲)라는 글자를 보면 잘 알 수 있습니다.

　당나라의 유명한 시인 가도는 어느 날 나귀를 타고 길을 가다가 시상이 떠올랐습니다.

　　조숙지변수　승퇴월하문(鳥宿池邊樹　僧推月下門)
　　새는 연못가 나무에 잠드는데 스님은 달빛 아래 문을 민다.

　가도는 너무 골똘히 생각한 나머지 당시 시장인 한유의 행차를 가로막는 큰 잘못을 저지르고 말았습니다. 스님이 달빛 아래 문을 민다(推)고 해야 좋을지, 문을 두들긴다(敲)고 해야 어울릴지 시의 글자 하나를 놓고 몹시 고민하다가 그렇게 되었다고 합니다. 가도는 한유의 도움을 받아 敲(두드릴 고)자로 결정했습니다. 이 말에서 유래한 퇴고(글다듬기)는 한 글자를 두고도 시 전체의 분위기에 어울리는지 생각을 거듭하는 자세가 글쓰기에서 얼마나 중요한가를 알려 주는 말입니다.

　어떻게 글다듬기를 해야 할까요?

　우선 글 전체를 놓고 볼 때, 제목은 적당한가, 나의 중심 생각을 분명하게 드러냈는가, 문단은 제대로 나누었는가 등을 살펴보아야 합니다. 한 가지 주제로, 한 가지 흐름으로 글 전체의 통일성을 깨지 않고 썼는지 살펴야 합니다.

　다음으로는 문장이 분명하며 문법적으로 맞게 되었는지 살펴야 합니다. '만약 ~라면, 왜냐하면 ~ 때문이다.' 와 같이 한 문장에서 어울리는 말끼리 잘 짝지워졌는지, 중심 생각을 담은 문장과 뒷받침 문장들의 연결이 논리적이고 자연스러운지 보아야 합니다.

마지막으로 단어는 시제(과거, 현재, 미래)에 맞게, 통일된 말투로, 맞춤법에 맞게, 적절한 표현의 단어를 썼는지 다시 보아야 합니다.

시제와 어투에 대한 예를 하나 들어 보겠습니다.

나는 호수공원에 친구 수민이와 놀러간다.
"엄마, 저 옷이 입을 게 없어요. 옷 좀 사 주세요."
어머니는 화난 목소리로 말씀하셨습니다.
"지난 번에도 샀잖아? 맨날 옷 타령만 하고. 공부를 그렇게 열심히 해 봐."
저는 속상했지만 할 말이 없었다.

뭔가 뒤죽박죽이 된 느낌이지요? 알맞은 시제를 쓰지 못했고, 높임말 반말에 통일성이 없기 때문입니다. 나는—저는, 간다—말씀하셨습니다—없었다, 엄마—어머니 등이 뒤섞여 있는 것입니다. 높임말이면 높임말, 반말이면 반말로 통일해야 하고, 시제도 현재면 현재, 과거면 과거로 알맞게 바꾸어야 하는 것입니다.

이렇게 한 편의 독후감은 글다듬기를 거쳐서 완성됩니다. 한 편의 글을 완성한다는 것은 결코 쉬운 일이 아닙니다. 그러나 침착하게 깊이 생각하면서, 보고 또 보고, 고치고 또 고치면 누구나 훌륭한 글을 완성할 수 있습니다.

12월

민속의 달

　빨리 어둠이 내립니다. 옛날 같으면 화롯불가에 앉아 밤을 구워 먹으며, 할머니의 구수한 이야기로 긴긴 밤을 밝혔을 것입니다. 간간히 들리는 소복소복 눈 쌓이는 소리, 강아지 짖어대는 소리에 겨울밤은 깊어만 갔겠지요.

　겨울이 되면 우리는 할머니의 할머니, 할아버지의 할아버지……, 대대로 이어오는 '근원적인 것'을 생각하고, 인간의 역사가 오래 되었음을 돌이켜 보는 시간을 갖게 됩니다. 우리는 어쩌면 이야기와 역사를 들으면서 자라고, 대를 이어가는 것이 아닐까 싶습니다. 이런 이야기가 담긴 책들을 읽어 보면서 이 겨울을 맞이합시다.

　보통 사람들 사이에서 자연스레 전해 내려오는 풍속을 민속이라 합니다. 우리 민속에는 참으로 구수하고 멋진 것들이 많습니다. 이야기가 그렇고, 음악, 춤, 음식도 그렇습니다. 한 해를 마무리하면서 우리 민속을 돌아보는 것도 흐뭇한 일일 것 같습니다. 그리고 세계의 어느 나라에도 민속은 있습니다. 우리 민속과 더불어 다른 나라의 민속을 살펴보는 것도 좋겠지요.

　한편, 한 해도 저무는 이때에 '남겨야 할 것과 버려야 할 것'도 정리해 보는 것이 좋을 것입니다. 좋은 것은 남기고 나쁜 것은 버려, 새해에는 몸과 마음이 보다 새롭고 건강하게 자라야 하기 때문입니다.

볼 것도 많다 살 것도 많다

글쓴이 최향 충청남도 당진에서 태어났습니다. 1990년에 문단에 나왔습니다. 지은 동시집으로 〈물방울 편지〉, 〈한쪽 눈만 떠 봐요〉, 〈씨앗 한 알 뿌려 놓고〉 등이 있고, 옮긴 책으로 〈우리 옛 동시〉가 있습니다.

그린이 이은천 충청북도 옥천에서 태어났습니다. 중앙대학교에서 한국화를 공부했습니다. 그린 책으로 〈우리집 가출쟁이〉, 〈나무야 나무야 겨울 나무야〉, 〈마사코의 질문〉 등이 있습니다.

내용

> 설날, 대보름, 단오, 추석, 동지 같은 우리나라 명절과 장터, 나루터, 키질, 아궁이 같은 우리나라의 생활 풍습을 시와 그림으로 엮었습니다. 또 사진과 설명을 따로 엮어 놓았습니다. 이제는 많이 사라져 버린 우리의 풍습을 돌아보면서 우리 조상들은 어떤 모습으로 살았나 하는 것을 살펴볼 수 있습니다.

♥ 2005년 10월 처음 펴냄. 글 최향. 그림 이은천. 펴낸곳 대교. 48쪽. 8,000원

어찌하여 그리 된 이야기

글쓴이 김장성 서울에서 태어났습니다. 성균관대학교에서 국어국문학을 공부했습니다. 어린이 책을 편집하고 기획하다가 지금은 손수 어린이 책을 쓰고 있습니다. 〈세상이 생겨난 이야기〉, 〈가슴 뭉클한 옛날 이야기〉, 〈단군 이야기〉, 〈내 친구 구리구리〉 등을 썼습니다.

그린이 강우근 서울에서 태어났습니다. 서울대학교 조소과를 졸업했습니다. 〈용감한 오형제〉, 〈도둑나라를 친 새신랑〉 등 어린이 책에 그림을 그렸습니다.

내용

> 이 책에는 옛 이야기 중에서도 ‘왜, 어떻게’ 라는 궁금증을 풀어주는 ‘까닭 이야기’ 일곱 편이 실려 있습니다. 겉으로는 어떤 일이 어째서 그리 되었는지 까닭을 이야기해 주는 척하면서, 속으로는 힘 세고 못된 자들을 꾸짖고, 약하고 착한 이들을 다독거려 주는 것이 바로 ‘까닭 이야기’ 입니다.

♥ 1998년 12월 처음 펴냄. 글 김장성. 그림 강우근. 펴낸곳 사계절. 120쪽. 6,500원

아버지를 찾아서

지은이 정하섭 1966년 충청북도 음성에서 태어났습니다. 성균관대학교 국문학과를 졸업했고, 어린이 책을 기획하고 글을 쓰는 일을 하고 있습니다. 〈해치와 괴물 사형제〉, 〈쇠를 먹는 불가사리〉, 〈거미 아난시〉, 〈김홍도〉 등을 썼습니다.

그린이 고광삼 1966년 전라남도 함평에서 태어났습니다. 추계예술대학교에서 동양화를 공부했고, 어린이 책을 만드는 일을 하면서 좋은 그림을 그리기 위해 애쓰고 있습니다.

내용

이 책에는 세계 각국의 신화와 전설 다섯 편이 있습니다. 북아메리카 인디언의 이야기 '아버지를 찾아서', 아일랜드의 '에오카이드 왕의 다섯 아들', 그리스 신화 '태양신의 아들 파에톤', 시베리아의 이야기 '겐데아이와 구두마' 마지막으로 멕시코의 '쌍둥이 신의 모험'입니다. 모두 신비로움과 모험이 가득한 이야기들이지요.

♥ 2000년 9월 처음 펴냄. 글 정하섭. 그림 고광삼. 펴낸곳 창비. 124쪽. 6,500원

세상에서 가장 슬픈 이별

지은이 노마 사이먼 미국 브루클린 대학교에서 공부한 어린이 책 작가이자 교육자입니다. 어린이와 애완동물, 비 오는 날의 즐거움, 죽음 또는 이별과 마주한 어린이를 주제로 50여 권의 어린이를 위한 책을 썼습니다.

그린이 자클린 로저스 화가인 어머니의 영향으로 어려서부터 예술적 환경에서 자랐습니다. 12년 동안 어린이 책에 삽화를 그렸으며 지금은 작가로도 활동하고 있습니다.

옮긴이 이동희 고등학생으로서 이 책을 옮겼습니다. 아빠가 유학하는 동안 같이 공부한 것이 계기가 되었습니다.

내용

죽음의 진정한 의미를 일깨우는 세 편의 짧은 이야기입니다. 죽음은 어디까지나 삶의 일부입니다. 우리의 어린이들이 죽음에 대한 진실을 알고 본성을 깨달아야 합니다. 텔레비전처럼 냉정하지도, 영화처럼 비장하지도, 만화처럼 냉소가 아닌 진실한 죽음의 슬픔을 이야기해야 합니다.

♥ 2004년 9월 처음 펴냄. 글 노마 사이먼. 그림 자클린 로저스. 이동희 옮김. 펴낸곳 동산사. 44쪽. 7,000원

우리와 비슷한 다른 나라 전설

-〈아버지를 찾아서〉를 읽고

최종수

이 이야기는 아메리카 인디언 사이에서 전해 내려오는 이야기입니다. 어렸을 때 아버지인 태양신과 헤어진 두 형제가 아버지를 찾아가 마침내 만난다는 줄거리입니다.

그런데 이야기의 시작부터 궁금한 것이 많았습니다. 아버지가 태양신인지는 어떻게 알았으며, 아버지하고는 왜 헤어졌는지, 어머니는 어떻게 되었는지, 그 동안 어떻게 자랐는지 하는 것들이 없었습니다. 그냥 태양신인 아버지를 찾아 가는 것이 시작이었습니다. 어떤 할머니의 도움을 받아 위험을 헤쳐 나간다는 겁니다. 드디어 아버지를 만나는데 아버지는 아들들을 아주 험악하게 다룹니다. 그러다가 이 형제가 위험을 잘 피해 나가니까 아들로 인정한다는 겁니다.

이 이야기의 시작에 대한 이유나 설명이 없어서 안타까웠습니다. 물론 옛날부터 전해 내려오는 이야기니까 그럴 수밖에 없기도 하겠지만, 그래도 무엇인가 허전했습니다. 앞의 부분은 제가 상상으로 한번 꾸며보고 싶었습니다.

이 이야기에서 느낀 점은 내용 중에서 우리 것과 비슷한 점이 있다는 사실입니다. 신비스런 할머니나 굴렁쇠, 괴물 이야기는 들어 본 듯한 이야기 같습니다. 아메리카 인디언도 먼 조상이 우리와 같기 때문에 어떤 면에서는 우리와 비슷한 점이 있기 때문일까요?

아메리카 인디언은 이렇게 문화도 비슷한 것이 있지만, 생김새도 우리와 너무 비슷합니다. 머리도 까맣고, 눈도 까맣고, 체격이나 얼굴 생김새도 아주 비슷합니다. DNA검사라도 한번 해보았으면 좋겠습니다.

이제부터 여러분이 다음의 원고지 4매에 독후감을 씁니다. 무엇을 쓰든지 마음 편하게, 침착하게, 천천히 쓰기 바랍니다.

원고지에 쓰는 요령은 이 책의 30쪽~32쪽과 40쪽~42쪽에 있으니 미리 한번 읽어 보는 것이 좋겠지요.

글을 쓰기 전에 날짜를 원고지 위에 꼭 쓰기 바랍니다. 나중에 다시 보는 날이 반드시 있을 것입니다.

행복한 논술

20 × 10

20 × 10

20 × 10

20 × 10

글을 다듬을 때 지우고 다시 써야 하나요?

- 고쳐 쓰기 기호를 쓰면 노력을 덜 수 있습니다

원고지나 공책에 글을 다 쓰고 나면 글쓰기가 끝난 것으로 생각되지만, 결코 그런 것이 아닙니다. 다시 읽어보고 다듬을 때에는 고치고 또 고쳐야 할 부분이 생기기 때문입니다. 이때 지우개로 지우지 않고 약속된 기호로 글을 고칠 수 있습니다.

기호	설명	예
⌒	글자 사이를 붙일 때	소 나무 사랑
∨	글자 사이를 뗄 때	험난한길
∨	단어, 구절, 문장을 끼울 때	집으로 가는 사람
└┘	단어, 구절, 문장을 고쳐 쓸 때	휘파람 부는 대나무
⟳	단어, 구절, 문장을 없앨 때	집 나간 가출 소녀
═	단어, 구절, 문장을 없앨 때	집 나간 가출 소녀
∽	앞뒤 단어, 구절을 바꿀 때	사랑하는 내 노래
┌┐	앞으로 당길 때	집에 가는 길

뒤로 밀 때   집에 가는 길

문장부호를 끼울 때   놀아야 한다 누구나

줄을 바꿀 때   ~ 좋았다. 위에서 본 ~

줄을 연결할 때   ~ 너무 기뻤다
                특히 승욱이는

줄과 줄을 뗄 때   우리의 사랑
                나 노래하리

1월

주제가 있는 달

새해 해돋이 장면을 보셨나요? 새해에 비는 간절한 소원과 굳은 결심으로 선잠을 깨우며 산으로 바다로 가족과 함께 간 친구들도 있을 것입니다. 새 해, 새 달, 새 주, 새 아침, 우리는 새로운 시간을 맞이하며 여러 의식을 치르고 행사도 합니다. 모두 더욱 좋아지고 더 성장하기를 기원하는 것이겠지요. 그리고 올해 일 년의 목표를 정해 보기도 합니다. '올해 나는 이것은 꼭 할 거야.' 또는 '올해는 이렇게 살 거야.'

1월은 한 해의 시작이면서, 긴 겨울 방학으로 점차 생활의 흐름이 편안해지는 시기입니다. 때문에 독서의 깊이를 더할 수 있는 기회입니다. 방법은 여러 가지가 있습니다. 그 중 하나는 주제를 정해서 책을 읽는 것입니다. 주제로는 자신의 관심 분야와 흥미를 살려서 역사, 예술, 자연, 과학 등 어느 것이라도 좋습니다. 그리고 수준을 조금 높일 필요도 있습니다. 자기 학년에 비해 조금 어렵거나 너무 길다고 생각되는 책을 읽으면 독서 능력을 더욱 높일 수 있습니다. 그리고 겨울 방학에는 '독서일기'를 쓰면서 독서량을 늘리는 것도 좋은 방법입니다.

이 달에 읽을 책들의 주제는 '상상'으로 해 보았습니다. 과연 상상이란 무엇일까요? 상상에는 터무니없는 것도 있고, 아주 과학적인 것도 있습니다. 그리고 상상은 자유입니다. 내가 무슨 상상을 하든 다른 사람이 무어라 할 말이 없습니다. 겨울도 깊어 가는데 따뜻한 방에 엎드려 마음껏 상상의 날개를 펴보기 바랍니다. 다음에 나오는 책들을 읽으면서 말입니다.

꽃들이 들려주는 옛이야기

글쓴이 송언 성균관대학교 교육대학원 국어교육과를 졸업했습니다. 초등학교에서 아이들을 가르치며 글을 쓰고 있습니다. 〈내일은 맑을 거야〉, 〈아발해〉, 〈바리왕자〉, 〈아기장수 우뚜리〉 등을 썼습니다.

그린이 이영경 대구에서 태어났습니다. 대학에서 동양화를 공부했습니다. 아이들을 즐겁게 하는 아름다운 그림을 그리기 위해 애쓰고 있습니다. 그린 책으로 〈아씨방 일곱 동무〉, 〈윤봉길〉, 〈석가모니〉 등이 있습니다.

내용

꽃들이 들려주는 슬픈 이야기 다섯 편이 여러분을 기다리고 있습니다. 오늘의 삶이 비록 슬프더라도 아름다운 꽃 한 송이를 피우는 그런 삶을 살아가라고, 꽃들이 말을 걸어올지도 모릅니다. 꽃이 사람보다 아름다운 세상이 아니라, 사람이 꽃보다 아름다운 세상이 되기를 꿈꾸어 보라고 속삭일지도 모릅니다.

♥ 2001년 6월 처음 펴냄. 글 송언. 그림 이영경. 펴낸곳 한겨레. 128쪽. 6,800원

별난 재주꾼 이야기

글쓴이 조호상 1963년 강원도 원주에서 태어났습니다. 1989년 시를 발표하면서 작품 활동을 시작했습니다. 〈연오랑 세오녀〉, 〈얘들아, 역사로 가자〉, 〈아기 장수〉, 〈울지 마, 울산바위야〉 등을 썼습니다.

그린이 권사우 1966년 강원도 태백에서 태어났고, 홍익대학교 회화과를 졸업했습니다. 〈과거에서 날아온 필름〉, 〈아빠, 힘내세요〉, 〈어깨동무 즐거운 우리 놀이〉 등의 책에 그림을 그렸습니다.

내용

이 책에는 여섯 편의 이야기가 있습니다. 터무니 없는 이야기들입니다. 그러나 어린이들이 상상력을 동원해서 읽어 보면 또 이렇게 재미있는 이야기도 없을 것입니다. 주먹만한 아이, 산봉우리만한 지게를 지고 오는 아이, 끝도 없이 밥만 먹는 아이, 호랑이를 때려잡는 아이 등이 이 이야기의 주인공들입니다. 터무니없지만 통쾌한 이야기들이 가득 차 있습니다.

♥ 2000년 12월 처음 펴냄. 글 조호상. 그림 권사우. 펴낸곳 사계절. 112쪽. 6,500원

호랑이 뱃속에서 고래잡기

지은이 김용택 1948년 전라남도 임실에서 태어났습니다. 고향이 좋아 그곳에서 초등학교 아이들과 함께 생활하고 있습니다. 〈섬진강〉, 〈맑은 날〉, 〈섬진강을 따라가며 보라〉, 〈옥이야 진메야〉 등을 썼습니다.

그린이 신혜원 〈글자 없는 그림책〉 등 많은 책에 그림을 그렸습니다. 글도 잘 써 〈어진이의 농장일기〉를 쓰고 그렸습니다.

내용

우리나라에 옛날부터 전해 내려오는 여섯 편의 이야기가 실려 있습니다. 우리 조상들의 살았던 모습과 정신이 고스란히 담겨 있습니다. 정의는 반드시 이겼고, 착한 일을 하면 누군가가 도와주었습니다. 아무렇지도 않은 이야기 같지만 사람이 어떻게 사는 게 잘 사는 것인가, 사람에게 무엇이 중요한가를 잘 말해 주고 있습니다.

♥ 2000년 12월 처음 펴냄. 글 김용택. 그림 신혜원. 펴낸곳 푸른숲. 112쪽. 6,500원

작다고 깔보다 큰코 다쳐요

엮은이 이재복 1957년 경기도 강화에서 태어났고, 서울교육대학을 졸업했습니다. 초등학교에서 10여 년 아이들을 가르치다가 지금은 '삶의 동화운동'을 벌이고 있습니다.

그린이 남궁산 1961년 서울에서 태어나 인천대학교 미술과를 졸업했습니다. 〈재미있는 동물이야기 1〉에 그림을 그렸고, 어린이를 위해 좋은 그림을 그리고자 애쓰고 있습니다.

내용

이 책에는 북한 어린이들이 읽는 동화 아홉 편이 실려 있습니다. 엮은이는 이렇게 말했습니다. "북한에 살고 있는 어린이들은 무슨 이야기를 읽고 자랄까? 한번 알아 봐야지. 이런 생각에서 북한 어린이들이 읽는 동화책을 쭉 살펴봤지요. 살펴보니까 정말 재미있는 이야기들이 무척 많았습니다. 어찌나 재미있는지 밥 먹는 것도 잊어버리고 읽었다니까요."

♥ 1992년 7월 처음 펴냄. 이재복 엮음. 남궁산 그림. 펴낸곳 산하. 216쪽. 6,000원

북한 어린이가 보는 지혜의 동화

-〈작다고 깔보다 큰코 다쳐요〉를 읽고

김옥련

우리나라 어린이들이 보는 동화와 북한 어린이가 보는 것은 무척 다를 것이라 생각했습니다. 그런데 막상 책을 읽고 보니까 다른 부분도 있었지만 그들과 우리가 같은 피를 나눈 형제라는 느낌이 더 컸습니다. 북한의 어린이들도 우리와 많이 닮은 모습과 마음을 갖고 있구나 생각했습니다.

이 책은 이솝우화처럼 동물들이 주인공인데, 우리들에게 여러 가지 가르침을 줍니다. 재미있으면서 주는 교훈이라 지겹지 않았습니다. 또 말이 음악처럼 리듬이 느껴지고 시골에서 쓰는 토박이말 같은 것이 많이 나옵니다. 책 아래에 설명을 달아 놓아서 읽는데 어려움은 없었습니다.

잘난 체하지 말라, 자기가 맡은 일은 스스로 해라, 힘을 합쳐라. 이 같은 교훈을 주는 동화들이 나옵니다. 이 중에서 '개미와 곰'은 옛이야기에 나오는 호랑이와 토끼, 사자와 여우처럼 큰 동물을 상대하는 작은 동물들의 지혜 이야기를 다루고 있습니다.

곰들이 개미들이 작다고 깔보고, 개미집 지붕을 함부로 가져갔다가 큰코 다치는 이야기는 정말 재미있었습니다. 힘으로는 아무리 해도 소용없었지만, 귓속으로 들어가 곰들을 괴롭히는 머리 쓰기 작전은 통쾌했습니다. 덩치 큰 곰이 개미 앞에 엎드린 모습, 상상만 해도 웃음이 나오고, TV 개그 코너의 한 장면 같았습니다.

그리고 들을수록 재미있고, 씹을수록 맛이 나는 말들이 많이 나오는데 넌떡(냉큼), 애기솔(작은 소나무), 되똑거리며(균형을 못 잡고 기울어져), 시뜩해서(토라져서), 어방없이(어림없이), 되알지게(야무지게)와 같은 말들은 남한에서도 잘 살려서 썼으면 좋겠습니다.

초등학교 읽기 교과서를 남쪽 동화, 북쪽 동화를 반반씩 섞어 만든다면 통일도 빨리 올 것 같습니다.

　이제부터 여러분이 다음의 원고지 4매에 독후감을 씁니다. 무엇을 쓰든지 마음 편하게, 침착하게, 천천히 쓰기 바랍니다.

　원고지에 쓰는 요령은 이 책의 30쪽~32쪽과 40쪽~42쪽에 있으니 미리 한번 읽어 보는 것이 좋겠지요.

　글을 쓰기 전에 날짜를 원고지 위에 꼭 쓰기 바랍니다. 나중에 다시 보는 날이 반드시 있을 것입니다.

행복한 논술

20 × 10

20 × 10

20×10

20×10

독후감은 한 가지 형식으로만 쓰나요?

- 생활문·동시·편지·독서록 형식이 있습니다

지금까지 보여준 형식은 일반적으로 가장 많이 쓰이고 있는 생활문(수필 또는 산문) 형식의 독후감 쓰기였습니다. 그러나 이 방법 말고도 느낌이나 감동을 여러 형식의 글로 쓸 수 있습니다.

운율을 살려서 '동시' 형식으로 쓸 수도 있고, 가까운 친구에게 책 내용을 소개하면서 자신의 감동을 전하는 '편지' 형식의 독후감도 있습니다. 그리고 '독서록' 형식은 책 이름, 지은이, 출판사, 줄거리, 느낀 점을 구분해서 쓰기 때문에 한눈에 보기가 좋습니다. 독서록은 비교적 글쓰는 부담을 덜 수 있어 학교에서 어린이들에게 책을 많이 읽히기 위한 방편으로 활용되고 있습니다.

동시와 독서록의 예를 하나씩 들어 보겠습니다.

예 1. 동시

〈화요일의 두꺼비〉를 읽고

하얀 눈 쌓이고
초롱초롱 빛나는 별빛
청소하는 동생 두꺼비 워턴
요리하는 형 두꺼비 모턴
딱정벌레 과자를 구워
툴리아 고모댁으로 갑니다.

숲속에서 나타난 올빼미
"내 생일인 화요일에
너를 잡아먹겠다."
얼마나 무서웠을까요?

무서움에 떨면서도
묵묵히 청소하고
다정한 친구처럼
차를 마시며 이야기 하는 워턴

무뚝뚝한 올빼미
적을 친구로 만드는
인정 많은 두꺼비

마음을 움직이게 하는 건
봄날처럼 따뜻한 마음씨인가요?

예 2. 독서록

〈화요일의 두꺼비〉를 읽고

1) 책이름 - 〈화요일의 두꺼비〉
2) 지은이 - 러셀 에릭슨
3) 출판사 - 사계절

4) 줄거리

눈내리는 겨울, 두꺼비 위턴은 딱정벌레 과자를 구워 툴리아 고모댁으로 가고 있었습니다. 위턴은 도중에 고집 세고 무뚝뚝한 올빼미를 만났습니다. 위턴은 올빼미로부터 "화요일, 내 생일에 너를 잡아먹겠다."는 사형선고를 받습니다.

두려움에 떨면서도 위턴은 자신의 일을 묵묵히 하며, 여전히 올빼미에게 다정하게 대합니다. 그리고 마침내 올빼미를 자신의 친구로 만들게 됩니다.

5) 느낀 점

자신의 목숨이 위태로운 상황에서도 차를 끓이고, 청소를 하며 다정함을 잃지 않는 두꺼비의 의연함이 대단합니다. 두려움을 이기는 방법은 자신의 맡은 일에 최선을 다하고, 자기다움을 잃지 않는 것이라고 생각합니다.

2월

생각의 달

　일 년 중에 가장 깊다는 느낌을 주는 달이 2월이 아닌가 합니다. 색으로 말하면 흰색으로도 검은 색으로도 표현할 수 없는 회색 같은 달이 2월입니다. 이럴 때는 생각을 많이 하게 됩니다. 생각이 무엇인지 별 관심이 없는 친구도 있겠지만, 항상 무엇인가를 생각하는 친구도 있을 것입니다. 아무래도 생각을 더 많이 하는 친구의 미래가 밝겠지요.

　사람은 생각하는 동물입니다. 어려서부터 제대로 생각하는 습관을 가지도록 합시다. 밥 먹을 때, 지하철 타고 어디 갈 때, 자기 전에, 어느 때고 그저 생각, 생각, 생각 속에서 삽시다. 그리고 생각다운 생각은 책 읽을 때 가장 많이 하게 됩니다. 생각하면서 책을 보면 그 속에서 즐거움도 얻고, 기쁨도 얻고, 지식도 얻게 됩니다. 여러분의 장래를 확실하게 보여 주는 가장 빠르고 정확한 길은 생각과 책 속에 있습니다.

　이제 곧 한 학년을 마치고 새 학년이 시작됩니다. 지난 일 년 동안 여러분은 많은 책을 읽었을 줄 압니다. 아주 보람차고 큰일을 한 것입니다. 그리고 스스로에게 칭찬을 해봅시다. '나 누구누구는 이렇게 많은 책을 읽었고, 또 많은 것을 생각했다. 많이 자랐고 훌륭해졌구나.' 라고 자신의 성장을 축하해 주기 바랍니다.

　1월에 이어 2월에도 깊이 있고 긴 호흡의 책을 읽게 됩니다. 이 달에 읽을 책들은 총정리를 하는 기분으로 읽어 주기 바랍니다. 지난 겨울, 지난 한 학년을 생각하면서 말입니다. 여러분, 다음 학년으로 올라가서 새로운 책들과 함께 다시 만납시다.

톡톡 할아버지

지은이 이주홍(1906~1987) 경상남도 합천에서 태어났습니다. 경성 한영 중학원과 일본 동경정칙영어학교를 졸업했습니다. 일제의 징용에 반대 하다 잡혀 유치장에서 해방을 맞이했습니다. 작품집으로 〈피리부는 소 년〉, 〈사랑하는 악마〉, 〈바다의 사자 안용복〉, 〈못나도 울 엄마〉 등이 있습니다.

그린이 권문희 1965년에 서울에서 태어났습니다. 서울대학교 동양화과 를 나왔고, 여러 어린이 책에 그림을 그리고 있습니다.

내용

이 동화집은 크게 두 부분으로 되어 있습니다. 첫 부분은 1930년대에 쓴 아홉 편의 동화이고, 뒷 부분은 톡톡 할아버지가 여러분에게 들려주는 열 개의 작은 이야기입니다. 이 옛날이야기를 읽다 보면 아마 하도 재미있어서 배꼽을 잡고 웃는 어린이들도 있을 것입니다. 그리고 소리를 내서 읽 다보면 정말 할아버지 할머니가 여러분 옆에서 들려주는 느낌이 들 겁니다.

♥ 1996년 10월 처음 펴냄. 글 이주홍. 그림 권문희. 펴낸곳 우리교육. 184쪽. 7,000원

쿨쿨 할아버지 잠 깬 날

지은이 위기철 1961년 서울에서 태어났났습니다. 연세대학교 불문학과 를 졸업했습니다. 1983년부터 작품 활동을 시작해 〈생명이 들려준 이야 기〉, 〈청년노동자 전태일〉, 〈신발 속에 사는 악어〉, 〈반갑다, 논리야〉 등의 책을 썼습니다.

그린이 신혜원 1964년 경상북도 안동에서 태어났습니다. 이화여자대학 교 서양화과를 졸업했고 〈하느님의 눈물〉, 〈혼자 크는 아이〉 등의 책에 그림을 그렸습니다.

내용

이 책에는 모두 여덟 편의 포근하고 다정하고 재미있는 이야기가 실려 있습니다. 작가 아저씨는 이 동화를 쓰며 여러분한테 이런 말을 하고 싶었답니다. "먼 곳에서 행복을 찾는 사람보다는 가까운 곳 에서 행복을 찾는 사람이 진짜 똑똑한 사람!"

♥ 1998년 2월 처음 펴냄. 글 위기철. 그림 신혜원. 펴낸곳 사계절. 132쪽. 6,500원

북치는 꼬마 용사

글쓴이 김진경　서울대학교 국어학과와 대학원 국문학과를 졸업했습니다. 시집 〈갈문리의 아이들〉, 〈광화문을 지나며〉 등과 장편소설 〈이리〉, 어린이 책 〈거울 전쟁〉, 〈고양이 학교〉 등을 썼습니다.

그린이 양혜원　서울여자대학교 시각디자인과를 졸업했습니다. 그린 작품으로 〈깡딱지〉, 〈프린들 주세요〉, 〈보물 찾는 아이들〉 등이 있습니다.

내용

병을 앓고 말을 잃어버린 한샘이는 세상 모든 것들과 이야기를 할 수 있습니다. 낯선 할아버지가 준 작은 북만 치면 가슴에서 용기가 샘솟습니다. 심한 가뭄으로 옹달샘도 옥수수도 말라 버리자 한샘이는 비가 오지 않는 까닭을 알아보러 모험을 떠납니다. 통 통 작은 북을 두드리며, 개미랑 잠자리 아저씨와 함께……. 과연 비가 오지 않는 까닭은 무엇일까요?

♥ 2004년 3월 처음 펴냄. 글 김진경. 그림 양혜원. 펴낸곳 문학동네. 96쪽. 7,800원

콩, 너는 죽었다

시쓴이 김용택　1948년 전라남도 임실에서 태어났습니다. 고향이 좋아 그곳에서 초등학교 아이들과 함께 생활하고 있습니다. 〈섬진강〉, 〈맑은 날〉, 〈섬진강을 따라가며 보라〉, 〈옥이야 진메야〉 등을 썼습니다.

그린이 박건웅　1972년 서울에서 태어났고, 홍익대학교 회화과를 졸업했습니다. 〈꽃〉, 〈섬〉 등을 펴냈습니다.

책머리에서

"토요일이면 나는 이 어린이들과 함께 글쓰기 공부를 합니다. 아이들이 연필에 침을 묻혀가며 글을 쓰는 동안 나도 언제부터인가 아이들이 쓰는 공책에다가 동시를 쓰기 시작했습니다. 글을 쓰면서 아이들 글을 보고 내 글을 보면 내 글이 항상 아이들 글보다 못했습니다. 그래도 나는 열심히 글을 썼습니다. 우연히 기회가 닿아 아이들의 동시집을 묶어내기로 했습니다. 그래서 나도 글을 정리해서 시집을 묶기로 했습니다. 그러니까 이 시집은 아이들이 나에게 가르쳐 준 동시입니다."

♥ 1998년 11월 처음 펴냄. 시 김용택. 그림 박건웅. 펴낸곳 실천문학. 136쪽. 7,500원

뭐든지 해내는 손

-〈콩, 너는 죽었다〉를 읽고

신촌초등학교 2학년 1반 박선정

오늘의 일기는 시집 독후감으로 대신할 것입니다.

김용택 선생님께서 지은 시 중에서 저는 이 시가 제일 좋습니다.

> 우리 어머니 손은 일하는 손
>
> 돌에 찍히고
>
> 호미끝에 찍히고
>
> 낫에 베이고
>
> 가시 박힌 험한 손
>
> 우둘투둘 나무껍질 같은 손이지만
>
> 어머니의 손이 지나간 곳이면
>
> 논이고 밭이고
>
> 훤하게, 훤하게 열리고
>
> 어머니 손끝에선
>
> 온갖 곡식들이 심은 대로 알알이 쏟아집니다.

위의 동시를 읽고 나서 느끼고 생각한 점은 아무리 못 생기고 험한 손이지만 노력만 하면 뭐든지 할 수 있다는 것입니다.

이 동시의 주인공은 일을 아주 많이 하는 것 같습니다. 왜냐하면 일하는 손이라고 했으니까요. 제가 이 사람(어머니)이었으면 힘들어서 일이 산더미처럼 쌓였어도 포기하고 내팽겨쳤을 것입니다. 그렇지만 이제부터 이 사람(어머니)처럼 아무리 힘든 일이라도 끝까지 참고 견뎌서 해내야겠습니다.

이 시집에서 '아스팔트 길'은 사라져 가는 동물들에 대해서 불쌍한 마음을 나타내고 있고, '빈집'에서는 시골을 떠나는 많은 사람들이 왜 떠나는지 쓸쓸한 마음이 나타나 있습니다. 그리고 이 시들을 읽은 내 마음도 아주 쓸쓸해졌습니다.

　이제부터 여러분이 다음의 원고지 4매에 독후감을 씁니다. 무엇을 쓰든지 마음 편하게, 침착하게, 천천히 쓰기 바랍니다.

　원고지에 쓰는 요령은 이 책의 30쪽~32쪽과 40쪽~42쪽에 있으니 미리 한번 읽어 보는 것이 좋겠지요.

　글을 쓰기 전에 날짜를 원고지 위에 꼭 쓰기 바랍니다. 나중에 다시 보는 날이 반드시 있을 것입니다.

행복한 논술

20 × 10

20 × 10

20 × 10

20 × 10

어떤 책이 좋은 책인가요?

- 내용, 글쓴이, 출판사가 좋고 수준이 맞아야 합니다

책에 있어서 가장 중요한 것은 당연히 짜임새 있고 알찬 내용입니다. 내용이 별로 없거나 시대에 안 맞게 낡았거나 사실과 다르면 책으로서의 가치가 떨어집니다. 줄거리도 앞뒤의 전개가 맞고 흥미가 있어야 합니다. 그리고 독자에게 확실하게 무엇인가를 전해주어야 합니다.

책을 고를 때에는 책의 겉표지 뒷면에 있는 책의 주요 내용에 대한 짧은 소개나, 다른 사람의 추천말을 살펴보아야 합니다. 그리고 머리말과 목차도 자세히 보는 것이 좋습니다. 물론 본문 중간중간 몇 군데를 읽어 보아야겠지요. 독서 관련 단체의 추천도서나 주변 사람들이 좋은 책이라고 권하면 그 점도 충분히 고려해 볼 일입니다. 그러나 좋은 책을 고르는 데에 있어서는 무엇보다 자신의 독서 경험이 중요합니다.

글쓴이가 정성을 다해, 솔직하고, 자신감을 가지고 쓴 책이 유익하고 좋은 내용을 갖춘 책입니다. 대개 책의 앞뒤에는 글쓴이에 대한 소개가 있습니다. 이것을 보면 글쓴이의 출신이나 성향과 주요 작품을 알 수 있습니다. 독자들은 글쓴이를 믿고 그의 책을 읽어야 합니다.

출판사는 책을 기획하는 것부터 서점에 공급하는 것까지 책에 관한 모든 과정을 진행하는 곳입니다. 그래서 좋은 출판사에서 만드는 책은 대개 내용이나 겉모습이 모두 좋습니다. 편집이 아름답고, 내용을 보완하거나 설명하는 사진이나 삽화가 적당히 들어가고, 인쇄 색깔이 선명하고, 제책 형태가 탄탄하면 좋은 책으로 보아도 괜찮습니다. 좋은 출판사는 이러한 것들을 책임 있게 다루고 있습니다.

다음으로 중요한 것은 아무리 좋은 책으로 인정받고 있다 해도 자신의 수준에 맞아야 한다는 것입니다. 책의 수준은 대개 학년으로 구분되고 있지만, 개인차가 있기 때문에 책의 선택이 달라질 수 있습니다. 특히, 아직 책에 재미를 못 붙인 친구들은 자신의 관심과 흥미에 맞는 책 중에서 수준을 맞추어야 합니다.

　책을 폭넓고, 깊이 있게 읽기 위해서는 학교, 교과서와 연관성을 가져야 합니다. 예를 들어 〈시튼 동물기〉의 일부가 읽기 교과서에 나왔다면, 그 책 전부를 읽는다거나, 시튼의 또 다른 글들을 읽는 것입니다. 또 자연(과학) 교과와 연관시켜 동물의 생태계 책을 읽으면 전 교과서의 통합·심화 과정을 거치는 것이 됩니다. 이런 습관이 길러지면 독서를 통해 저절로 '통합적 자기 주도 학습'이 이루어지게 됩니다.

　독서의 최종 목표는 좋은 책을 많이 읽고, 그것을 자기 것으로 소화한 후, 그 내용과 느낌을 어떠한 형태로든 표현하고 활용할 수 있어야 한다는 것입니다. 여러분의 노력을 기대해 봅니다. 그리고 그 노력의 결과는 여러분이 상상할 수 없을 정도의 엄청난 성과로 여러분에게 돌아올 것입니다.

찾아보기

행복한 논술
초등학교 2학년

2006년 12월 15일 초판 1쇄 인쇄
2006년 12월 20일 초판 1쇄 발행

글쓴이 김옥련 · 최종수
펴낸곳 도서출판 역민사
편 집 강면실
디자인 조승현
마케팅 김인호

등 록 1979. 2. 23. 서울 제 10-82
주 소 100-013 서울 중구 충무로 3가 59-23
전 화 2274-9411
팩 스 2268-3619
e-mail ymsbp@yahoo.co.kr
copyright ⓒ 김옥련 · 최종수

ISBN 89-85154-31-1 63710
값 8,000원